Johannes F. Kretschmann

Antisemitismus und magisches Denken

Johannes F. Kretschmann

Antisemitismus und magisches Denken

Tectum Verlag

Johannes F. Kretschmann, M.A., 1978 in Ostfildern-Ruit geboren, studierte Religionswissenschaft, Linguistik und Rumänisch in Berlin. Im Netz ist der Verfasser unter www.sprichfreund.de präsent.

Johannes F. Kretschmann

Antisemitismus und magisches Denken
ISBN: 978-3-8288-2460-7
Umschlagabbildung: © Henning Straßburger
Umschlaggestaltung: Ina Beneke, Tectum Verlag

Besuchen Sie uns im Internet
www.tectum-verlag.de

Bibliografische Informationen der Deutschen Nationalbibliothek
Die Deutsche Nationalbibliothek verzeichnet diese Publikation in der Deutschen Nationalbibliografie; detaillierte bibliografische Angaben sind im Internet über http://dnb.ddb.de abrufbar.

Häcker, Häcker, spreng iber dr Necker,
spreng iber dr Rhei,
fliag mittladren nei.
Schwäbischer Zauberspruch gegen den Schluckauf

Meinen geliebten Eltern.

Inhaltsverzeichnis

Eingangsebene: Vom Wesen und Sein in der Religionswissenschaft 9

I. Reifer Zauber 21

Exkurs Sprachmagie 1: Euphemismus-Tretmühle 51

II. Fauler Zauber 59

Exkurs Sprachmagie 2: Heavy-Metal-Umlaut 85

Ausgangsplattform: Allmacht als ob 89

Literaturverzeichnis 93

Eingangsebene: Vom Wesen und Sein in der Religionswissenschaft

> Der eigentlich grösste und wichtigste Teil der menschlichen Irrtümer entsteht dadurch, dass man die Wege des Denkens für die Abbilder der realen Verhältnisse selbst nimmt ...
>
> Aus der *Philosophie des Als ob* (Hans VAIHINGER 1918: 11f)

Ein „und" kann sehr Verschiedenes auf sehr verschiedene Art in Beziehung setzen. Mit dieser Konjunktion läßt sich alles Erdenkliche mit allem Erdenklichen assoziieren, Ebenbilder wie Feuer und Flamme, Gegensätze wie Feuer und Eis. Das macht sie für Literatur interessant und in der Wissenschaft verdächtig. Ein „und" trifft für sich schließlich keine Aussage, ob und wenn ja, welches Maß an Verbindung oder Entgegenstellung zwischen zwei Begrifflichkeiten bestehen mag. Der Titel dieser Arbeit verdoppelt mit dem zwischen Antisemitismus und magischem Denken schwebenden „und" also nur jene bis ins Monströse ufernde Vagheit, die den beiden Begriffen auf ganz unterschiedliche Weise anhaftet. Aber wenn ein seriöser Titel noch keinen seriösen Inhalt erzwingt, muß das umgekehrt ebenso gelten. Neben der Erregung von Aufmerksamkeit dient dieses „und" allerdings auch der Vermeidung einer Vorfestlegung, ja vielleicht wird am Ende sogar nach einer Festlegung insgesamt umsonst gesucht werden. „Antisemitismus als magische Denkform" hätte von vornherein eine Entscheidung gegen das getroffen, was man unter magischem Denken alles verstehen könnte. Antisemitismus zeichnet sich durch seine inhärente Illegitimität, seine unbedingte Unanständigkeit aus[1] und eine derartige „als"-Konstruktion hätte unweigerlich die prinzipielle Absage an magisches Denken zur Folge. Hier soll jedoch in der Tat an einer Aufwertung dieses Begriffs gearbeitet werden, ohne allerdings die magische Denkform selbst durch eine allumfassende Ehrenrettung gegen ihre negative und zerstörerische Po-

1 In demoskopischen Erhebungen müssen antisemitische Einstellungen indirekt erfragt werden, da sich kaum jemand selbst als Antisemit bezeichnen würde. So gelangt man lediglich zu Annäherungswerten, die erst in Kombination mit anderen Parametern Rückschlüsse ermöglichen (vgl. BENZ 2004: 196f).

tenz immunisieren zu wollen.[2] Reinigt man ein Wort von seiner Fragwürdigkeit, verengt man damit auch sein Bedeutungsspektrum. Da von der Möglichkeit, den Begriff Magie einschließlich seiner Derivate auch in der (Religions-)Wissenschaft deskriptiv einzusetzen, fleißig Gebrauch gemacht wird, erübrigt sich eine förmliche Rettung. Im fünfbändigen *Handbuch religionswissenschaftlicher Grundbegriffe (HrwG),* das für diese Arbeit einen wichtigen sekundären Bezugspunkt abgibt, ist die häufige metasprachliche Anwendung[3] schon auffällig zu nennen, gerade auch weil ausgerechnet der Autor des Artikels *Magie* einen „Zerfall dieser Kategorie" (KIPPENBERG 1998: 85) festgestellt haben möchte. Mit anderen, nicht weit von diesem Zusammenhang entfernten Termini wird bisweilen kurzer Prozeß gemacht: Während das ozeanische Mana noch mit dem Verdikt der höchst umstrittenen Verwendbarkeit davonkommt (vgl. SEFRIN 1998: 99),[4] wird der im Deutschen alteingesessene Aberglaube als „deskriptiver oder analytischer Grundbegriff" für „unbrauchbar" erklärt. Aufschlußreich ist die Begründung, die GLADIGOW für diese Zwangsverschrottung liefert: „Er ist ein Begriff der Objektsprache, somit selber *Gegenstand* religionswissenschaftlicher Analysen" (ders. 1988: 388). Dieses Ausschlußkriterium müßte dann freilich nicht nur auch am Gegenbegriff Glaube (dem übrigens kein eigener Handbuchartikel gewidmet ist) angelegt werden,

---

2 „M.[agie] ist normalerweise wertneutral. Sie kann zum Nutzen oder zum Schaden einer Gesellschaft oder einer Person angewandt werden" (QUACK 1988: 383). Auf die Differenzierung zwischen Magie und magischem Denken wird an anderer Stelle noch eingegangen werden.

3 Mindestens in den folgenden Lemmata wird mit den Begriffen magisch bzw. Magie operiert, meistens sogar ohne besondere Markierungen der Einschränkung, also Anführungszeichen, Prädikate wie „sogenannt" usw.: *Aberglaube, Religionskritik* (Bd. 1), *Beschwörung/beschwören, Euphemismus* (Bd. 2), *Hexe/Hexenmuster* (Bd. 3), *Magie, Mythos, Name, Okkultismus, Paria, Rationalisierung, Definitionen der Religion* (Bd. 4), *Sprache, Strafe, Symbol, Tabu, Talisman, Wirtschaft, Zeichen, Zeit, Zwischenwesen* (Bd. 5).

4 Für Problemstellungen dieser Arbeit ist die Funktion denkwürdig, die der Artikelautor Theorien zugesteht, in denen Phänomene wie „Magie, Trance, Besessenheit" als tatsächliche und nicht nur als „kulturelle" Realitäten gesehen werden, nämlich die berechtigte „Negation positivistischer, rationalistischer oder soziologistischer Orthodoxien" (cit. op. 101).

sondern ebenso an anderen wichtigen Grundbegriffen der „europäischen Religionsgeschichte“ wie Aufklärung und Wissenschaft, die mit großer Selbstverständlichkeit zur religionswissenschaftlichen Deskription und Analyse eingesetzt werden. Seine „vorwiegend polemischen Inhalte“ (ebd.) verdankt der Aberglaube einer bestimmten theologischen oder gesamtkulturellen Tradition, aber die Rede von Glaube, Aufklärung und Wissenschaft ist nicht minder mit – oft einseitig positiven – Wertevorstellungen behaftet. Problematisch wird der metasprachliche Gebrauch von traditionellen, umgangssprachlich durchdrungenen oder überlagerten Begriffen der europäischen Religionsgeschichte erst dadurch, daß der eigene Standpunkt vorschnell und unhinterfragt ein Urteil über deren Werteaspekt diktiert.[5] Ein thematischer Vorgriff kann vielleicht besser veranschaulichen, wie auf begriffliche Mißverständnisse begriffliches Unverständnis folgt, wenn eine Reflexion über wissenschaftliche Nomenklatur ausbleibt.

Der „moderne Antisemitismus“[6] des 19. Jahrhunderts wird von prominenter Seite der Antisemitismusforschung verstanden als „pseudowissenschaftlich begründete Judenfeindschaft der Rassentheoretiker und völkischen Ideologen“, als „Rassenlehre mit seiner behaupteten wissenschaftlichen Beweisbarkeit“, als „Resultat angeblicher wissenschaftlicher Erkenntnis“ (Benz 2004: 115, 82, 85). Bei einem anderen zeitgenössischen Historiker und Faschismusforscher wird die rassistische Eugenik als neue „pseudoreligiöse Heilslehre“ klassifiziert (Wippermann 2005: 45).

Die Verwendung von Begriffen wie pseudowissenschaftlich, pseudoreligiös oder pseudorational bzw. Entsprechungen wie scheinbare, angebliche oder behauptete Wissenschaftlichkeit im Kontext des Rassismus, Antisemitismus und Nationalsozialismus legt eine bestimmte Haltung gegenüber den großen geistigen Kategorien Wissenschaft und Religion offen. Wird die in ihren Ansichten tatsächlich überaus falsche und in ihren Wirkungen tatsächlich

5 „Gegen Wertbegriffe ist grundsätzlich nichts einzuwenden, und die Subjektivität, die bei ihrer Verwendung häufig zutage tritt, ließe sich durch ein Reflektieren über die Wertungsmaßstäbe wenigstens teilweise objektivieren“ (Dieckmann 1975: 36).

6 Der Historiker und Leiter des Zentrums für Antisemitismusforschung an der Technischen Universität Berlin Wolfgang Benz setzt im hier zitierten Werk diesen Terminus stets in Anführungszeichen, also unter einen wie auch immer gearteten Vorbehalt.

überaus schlechte antisemitische Rassenlehre nicht der wissenschaftlichen, sondern einer pseudowissenschaftlichen Sphäre zugerechnet, erfährt dadurch nicht nur der abstrakte Begriff Wissenschaft, sondern auch die konkrete Wissenschaft im Gestern und Heute eine Entlastung von Falschheit und Schlechtigkeit. Nolens volens adelt die Präfigierung mit pseudo- die wahrhaftige Entsprechung, also Wissenschaft oder Religion, mit dem Gütesiegel der Unschuld. Diese These wird vielleicht verständlicher, wenn man feststellt, daß anderen Ausdrücken aus derselben hohen Ordnungsebene eine derartige sprachliche Abtrennung von ihren Schatten vorenthalten wird. So wird den Nationalsozialisten nur selten unterstellt, sie hätten Pseudopolitik oder Pseudoökonomie betrieben. Nicht etwa deswegen, weil vernünftige Menschen ihre politischen und wirtschaftlichen Handlungen für wahr und gut hielten, sondern weil man im allgemeinen Politik und Wirtschaft im Unterschied zu Wissenschaft und Religion innere Verlogenheit,[7] selbstzerstörerische Widersprüchlichkeit und völlige moralische Korruption viel eher zutraut.[8] Darüber, welche Begrifflichkeiten mit ihren Verkörperungen in der Wirklichkeit über welches Übel in welchem Grade erhaben oder eben nicht erhaben sind, könnten theoretisch Rückschlüsse über die Wertehierarchien einer Gesellschaft gezogen werden. Umgekehrt jedoch wird daraus, ob der Begriffsinhalt eines Wortes positiv oder negativ gewertet wird, nicht das Geringste über das Maß eben dieser seiner Erhabenheit ausgesagt. Augenscheinlich genießt Glaube vor Aberglaube schon deshalb den Vorzug (wie Wissenschaft vor Pseudowissenschaft), weil das eine dem anderen vorausgeht, weil sich das Falsche aus dem Richtigen ableitet. Doch der Augenschein trügt, denn diese Rangordnung existiert nur sprachlich.[9] In Wirklichkeit kann sich das, was man unter Glaube bzw. Wissenschaft versteht, auch aus Aberglaube bzw. Pseudowissen-

---

7 Gr. τὸ ψεῦδος „Lüge, Unwahrheit, Täuschung, Betrug“ (GEMOLL 1965: 813).

8 Auch (oder gerade) in der wissenschaftlichen Arbeit muß man sich auf die Introspektion als eine wichtige Quelle des Wissens verlassen (vgl. auch VON MALTZAHN 2006: 3). Definitionswörterbücher können weder voraussagen, welche Gedankenketten bestimmte Worte in Bewegung setzen, noch können sie eine Begriffswertung liefern, die subjektives Empfinden mit objektiver Norm zuverlässig in Einklang hält.

9 Der populäre theologische Satz, daß man Atheismus nicht aussprechen kann, ohne Gott zu nennen, setzt voraus, daß Sprache für voll genommen wird.

schaft entwickelt haben. Oder es gibt am Ende überhaupt keinen Berührungsknoten, auch keinen negativen.

Das hier nur angedeutete Problem der Erhabenheit von Wörtern und Begriffen erscheint möglicherweise weniger abwegig, wenn man sich einmal der Antisemitismusforschung von diesem Blickwinkel aus nähert. Eine Besonderheit dieser Disziplin besteht darin, daß über die Beurteilung ihres Untersuchungsgegenstandes zumindest in einem Punkte Klarheit herrscht: Antisemitismus ist – wie bereits erwähnt – qualitätsmäßig bestenfalls dem Bereich der Illegitimität zuzurechnen, führt er zu Gewalttaten bis hin zum Völkermord, dem Verbrechen. In diesem Kriterium stimmt die Antisemitismusforschung mit der Genozidforschung überein, unterscheidet sich jedoch von ihr darin, daß ihr Untersuchungsgegenstand im Wort selbst nicht adäquat beschrieben ist:

> Der Begriff Antisemitismus ist in seinem diffusen Gehalt, seiner künstlichen Bildung und seiner Opposition zu etwas Imaginärem (weder gibt es ein Wesen der Semiten noch richtet sich der Antisemitismus gegen Semiten) geradezu ein konstitutiver Teil dessen, was er bezeichnet. Ein zunächst um 1880 als pseudowissenschaftliche Kennzeichnung der eigenen judenfeindlichen Gesinnung gebildeter und positiv gebrauchter Kampfbegriff wurde zum wissenschaftlichen Terminus aller Formen von Judenfeindschaft. (Ebach 1988: 495)

Die künstliche, aber ursprünglich beabsichtigte Vertracktheit dieses Begriffs wurde durch die wissenschaftliche Übernahme nur scheinbar aufgelöst.[10] Abgesehen davon, daß er weiterhin als heutzutage negativer Kampfbegriff genutzt wird (vgl. Enderwitz 2005: 118ff), hat es für die Forschung selbst Folgen, wenn antisemitische Phänomene wie das „immer aktuelle Stereotyp der jüdischen Weltverschwörung" im „mythologischen Ungefähr" verortet werden,

10 Ebach gebraucht in diesem sehr prägnanten Einstieg in die Antisemitismusthematik den Ausdruck pseudowissenschaftlich wohl eher als Verweis auf den nicht wissenschaftlichen, sondern publizistischen Kontext der Begriffsprägung (vgl. Nipperdey; Rürup 1972: 129) und nicht unbedingt als Wort, das Wissenschaft vor Antisemitismus in Schutz nimmt.

wenn „Beliebigkeit des Ressentiments“ als „ein wesentliches Kennzeichen judenfeindlicher Haltung“ konstatiert wird (Benz 2004: 192 u. 234). Denn wird eine „Realitätsverankerung“ (Kneer 2003: 41) antisemitischer Vorurteile a priori bestritten, so gerät auch leicht die Frage aus dem Blick, in welcher Realität die Menschen verankert waren, die von der Opposition zu etwas Imaginärem ermordet wurden. Die Tendenz zur Ausblendung des Judentums in soziologisch geprägten Ansätzen der Antisemitismusforschung (vgl. Heinsohn 1995: 169f; vgl. Ley 2003: 9) ist dabei nur ein Aspekt dieses Problems. Untersuchungen, die als Stereotypendecodierung verstanden werden, fordern darüberhinaus in besonderer Weise die eigene normative Position heraus. Ein unanständiges und unrichtiges Klischee verlangt vom Wissenschaftler eine anständige und richtige Haltung, während der Vermessung einer Galaxie womöglich deskriptive und nicht notwendigerweise sittliche Korrektheit Genüge tut. Die implizite, aber in unausweichlicher Beständigkeit wirkende Provokation der eigenen Vorstellungen durch die Wahrnehmung von Stereotypenbildungen anderer begünstigt einerseits Reflexe, die jedes kollektive Anderssein leugnen, andererseits droht erhabenen Begrifflichkeiten wie Aufklärung oder Wissenschaftlichkeit, die vermeintlich oder tatsächlich den eigenen Standpunkt markieren, die Theologisierung, d. h. die ihnen innewohnende Rechtfertigungsfähigkeit wird verabsolutiert auf Kosten ihrer Differenzierungsfähigkeit. Klare, rationale Aufklärung wird zum diametralen Gegenstück eines obskuren, irrationalen Antisemitismus gemacht, dialektische Verschlingungen zwischen Aufklärung und Antisemitismus (vgl. Adorno; Horkheimer 1981: 192ff) werden, ob beabsichtigt oder nicht, aus dem Fokus der Kritik gerückt. Antisemitismusforschung bekämpft das, was sie untersucht. Das gilt für Religionswissenschaft, solange sie den Antisemitismus aufs Korn nimmt,[11] genauso, doch ihre Eigenheiten bringen zum Teil andere Vor- und Nachteile mit sich.

11 Vielen akademischen Disziplinen wird an der Erforschung des Antisemitismus eine Funktion zugestanden, so der Geschichtswissenschaft, den Sozialwissenschaften, der Psychologie, der Psychoanalyse, der Politischen Wissenschaft und der Soziologie (vgl. Benz 2004: 238f). Religionswissenschaft und Judaistik bleiben in dieser Aufzählung unerwähnt, was möglicherweise etwas über das Selbstverständnis der Antisemitismusforschung aussagt.

Die Sprache der Religionswissenschaft geht immer auch mit den positiven wie negativen Rechtfertigungen schwanger, die sie aus der christlichen Theologie ererbt hat. Hier wie dort können oberflächlich eindeutige, aber unterströmig vieldeutige Begriffe unter dem Druck niederer Apologetik verkümmern oder der Verfemung anheimfallen. Es ist oft der Leistung fachfremder Einzelner zu verdanken, wenn umstrittene Termini vom polemischen Kopf auf akademische Füße gestellt werden, wie das z. B. Max WEBER mit seiner Arbeit am Sektenbegriff gelungen ist (vgl. KEHRER 2001: 56). Überhaupt sind WEBERS nachwirkende Verdienste in dieser Hinsicht nicht hoch genug zu würdigen. So wurde durch seine Rezeption z. B. auch der Begriff Charisma für die Religionswissenschaft urbar gemacht (vgl. KEHRER 1990: 197) und ohne sein Einbringen der Kategorien Magie und Entzauberung in die Sprachwelt der Ökonomie (vgl. STRECK 2001: 381) und die der Säkularisationstheorie (vgl. JAESCHKE 2001: 11) wäre wahrscheinlich nicht einmal der Titel dieser Arbeit hier vermittelbar gewesen. Ansonsten ist die ganze religionswissenschaftliche Nomenklatur bestimmt von Ausdrücken, die nicht etwa deswegen als angemessen gelten, weil sie wissenschaftlich besonders durchdrungen oder qualifiziert wären, sondern weil Tradition und Konvention sie im Spiel halten. Wenn der Versuch, ältere Judenfeindschaft als „Antijudaismus“ oder „Antimosaismus“ vom modernen Antisemitismus abzugrenzen und damit den Begriff aufzuspalten, nicht an sachlichen Erwägungen scheitert, so an den schwer oder kaum vorhersehbaren Wirkungsweisen des allgemeinen Sprachgebrauchs (vgl. auch NIPPERDEY; RÜRUP 1972: 153).

Allein die Meinungen über den Gegenstand, der der Disziplin ihren Namen verleiht, gehen in keiner anderen Wissenschaft so weit auseinander wie in der Religionswissenschaft, wo er noch dazu einen so großen Bereich für sich beansprucht (vgl. KEHRER 1998: 418f). Während die Theologie mit der Kirche über eine objektive Basis verfügt, wobei der Rückhalt einer religiösen Gemeinde auch Erwartungsdruck erzeugt (vgl. CANČIK 1990: 33), bildet die Universität die einzige institutionelle Grundlage der Religionswissenschaft, deren eigentümliche Distanz zu ihrem Gegenstande schon darin zum Ausdruck kommt, daß sie sich selbst nicht als religiöse Angelegenheit versteht (vgl. auch RUDOLPH 2001: 196). Mit der Faszination, ihrer ersten und wichtigsten Quelle, öffnet die Religionswissenschaft ihre Flanken zum Spannungsfeld der Kunst.

Religionswissenschaft ist nicht einfach eine *neutrale* Religionskunde, die die Grenzziehung der religiösen Eigenbezeichnungen übernimmt und deren Phänomene im Bemühen vergleicht, keinen Stab über sie zu brechen. Sie fußt vielmehr auf der Grundannahme, daß religiöse Bedürfnisse gerade in der säkularisierten Moderne nicht unbedingt religiös gestillt werden, daß Religion sich zu etwas mit anderem Namen entwickeln kann, ohne dadurch aber einfach pseudo-, anti- oder unreligiös zu werden. Indem sie den Religionsbegriff, der so einfältig und so komplex daherkommt, unkonventionell verwendet, nimmt sie zugleich Abstand von religiöser Apologetik. Die Verlockung, Religion als anthropologische Konstante zu begreifen und ihr damit die Weihe einer Menschheitsuniversalie zu erteilen, zieht nur, wenn ihre Erhabenheit zu traditionell und vor allem zu realistisch aufgefaßt wird. Zu traditionell gerät Religion als wissenschaftlicher Terminus, wenn er nicht aus seiner historischen Gleichsetzung mit Glaube und Christentum befreit wird (vgl. auch Rudolph 2001: 193) und zu realistisch, wenn er als sprachliches Abbild einer sachlichen Notwendigkeit erscheint und nicht als nützliche Fiktion, mit der das Denken in geordnete Bahnen gelenkt wird. Religionswissenschaft tut immer gut daran, einige Annahmen aus der *Philosophie des Als Ob* zu beherzigen:

> Das subjektive Denken macht ganz andere Wege als das objektive Geschehen; und es ist recht logisch, organisch und teleologisch, dass dem so ist, dass das Sein nicht logisch ist (womit natürlich nicht behauptet ist, dass es darum schon unlogisch sei). [...] Die eigentliche Kunst und Aufgabe des Denkens ist, das Sein auf ganz anderen Wegen zu erreichen, als diejenigen sind, welche das Sein selbst einschlägt. Mit Hilfe seiner kunstvollen Operationen und auf Umwegen gelingt es dem Denken, das Sein einzuholen und sogar den Fluss des Geschehens zu überholen. (Vaihinger 1918: 11)

Sprache als Entäußerung des Denkens ist nichtsdestotrotz „schon immer mit Welt angereichert“ (von Maltzahn 2006: 64) und gerade in den Geisteswissenschaften, die besonders durch soziale Interaktion bedingt sind, setzt zwischenmenschliche Kommunikation voraus, daß das Problem der Unabhängigkeit von Sprache und Sein nicht die Gedankenvermittlung bis zur Unmöglichkeit erschwert. Verbinden unterschiedliche Menschen mit den gleichen Wörtern völlig verschiedene Bedeutungen, ist die Ernte eines Gesprächs nicht Verständigung, sondern Frustration.[12] Religionswissenschaft rechtfertigt nicht den Gegenstand, den sie untersucht, noch verwirft sie ihn pauschal. Damit bringt sie sich nicht in die Verlegenheit, Religionskritik instinktiv abzuwehren oder diese wiederum von Kritik auszunehmen. Der Name dieser Disziplin ist kein Sachzwang, aber sie hat damit als „okzidentale Wissenschaft" (KEHRER 1998: 419) einen Fuß in der Tür zur Gesellschaft, da die meisten abendländischen Menschen zum Thema Religion sowohl eine Vorstellung als auch eine Einstellung mitbringen.

Der religiös kontaminierte Terminologienschatz und der hohe Grad an Verschränktheit von Beschreibung und Kritik führen die Religionswissenschaft näher an die Gefilde der vom Niedergang bedrohten (vgl. SEIFERT 1996: 24) Metaphysik, als man es sich in unserer eher vom Positivismus bedrohten Disziplin einzugestehen wagt. Religionen wurde in der deutschen Geisteswelt, die sich dieses Wortes bedienen kann, fast selbstverständlich ein Wesen zugestanden, seitens ihrer Verteidiger wie ihrer Tadler.[13] In der Religionsphilosophie kann mit „ontologischen Unterstellungen" (KAMP 2005: 398) sicher anders gearbeitet werden als in mehr empirisch ausgerichteten Ansätzen der Religionswissenschaft, wobei auch dort die Diskussion über den Platz der Wesens- neben der Verhaltensforschung nicht unbedingt entschieden ist (vgl. auch SCHWEMMER 1980: 591). Naturwissenschaftliche Disziplinen haben als Kunstlehren der Logik (vgl. VAIHINGER 1918: 13) den essentialistischen Ansatz durch einen nominalistischen ersetzt, während Erfahrungswissenschaften

---

12 Bedeutungsüberfrachtung von mehrdeutigen Wörtern wird dann zur pathologischen Polysemie, „wenn sich zwei oder mehr unvereinbare Bedeutungen, die im gleichen Kontext einen Sinn ergeben würden, um ein und denselben Namen scharen" (ULLMANN 1967: 114). Religionsgeschichtlich interessant ist folgendes Beispiel aus dem altchristlichen Latein: im selben Raum zur selben Zeit versteht unter *salus* der Heide Gesundheit und der Christ Erlösung (vgl. cit. op. 117).

13 Die Titel dreier denkwürdiger Schriften sollen dafür als Beleg angeführt werden: Ludwig FEUERBACH, *Das Wesen des Christenthums* (1841); Adolf VON HARNACK, *Das Wesen des Christentums* (1900); Leo BAECK, *Das Wesen des Judentums* (1905).

als „Hypothesen und Theoriesysteme“ in hohem Maße selbst ja hypothetische Gegenstände der Gedankenwelt behandeln (WENTURIS; VAN HOVE; DREIER 1992: 166ff). Das Problem, wieviel Essentialismus in der Beschreibung sich die Religionswissenschaft gönnen darf bzw. muß, bleibt kein abstraktes der Ontologie, sondern wird zu einem konkreten der Methodologie. Schreibt man Untersuchungsgegenständen, also z. B. den einzelnen Religionen, grundsätzlich keinen Kern, keine Wesenhaftigkeit zu, negiert man damit auch den typologischen Gehalt ihrer Bezeichnungen. Daß Katholizismus und Protestantismus als christliche und nicht etwa als jüdische Konfessionen gelten, ist dem genealogischen Unterscheidungskriterium geschuldet, das Verbundenheit und Abstand durch Schablonen familiärer Verwandtschaftsverhältnisse ein Stück weit vorfestlegt. Derartige von der Tradition der Eigen- und Fremdbenennung geprägte Kollektivbegriffe, die einen räumlich wie zeitlich so enormen Spagat vollführen, werden im wissenschaftlichen Gebrauch jedoch fadenscheinig, ja nutzlos, wenn man unter der Fläche ihrer Haut, die sich immer wieder komplett erneuert, kein einmaliges Herz wähnt, das zwar altert, aber dasselbe klar umrissene und lebendige Gebilde bleibt, solange es schlägt. Richtet man wiederum den Blick zu einseitig in die Tiefendimension eines Begriffs mit seinem Sachverhalt, gerät man leicht in Gefahr, die Oberflächenstruktur aus den Augen zu verlieren.

Aktualismus, der „in bestimmten Bereichen oder im Gesamt der Wirklichkeit jegliches beharrende Sein leugnet“ (HALDER; MÜLLER 1993: 9) und entgegengesetzter Essentialismus, der mitunter „den instrumentellen Charakter der menschlichen Sprache bei der Konstruktion wissenschaftlicher Hypothesen und Theorien“ verkennt und damit Wörtern und Begriffen einen „a priori-Bezug zur Realität“ unterstellt (WENTURIS; VAN HOVE; DREIER 1992: 168), sind beides Lehren, zwischen denen sich die Religionswissenschaft ihren Weg zur Erkenntnis bahnen muß. Schon aus dem Grund darf sie nicht mit einem dieser beiden -ismen zusammenfallen, da jeder -ismus wie jedes -tum selbst Gegenstand religionswissenschaftlicher Untersuchung ist. Deren größte Herausforderung besteht nun darin, mit einer ausgewogenen Sicht auf die Kräfte, die Wesen und Sein, Essenz und Existenz, Beständigkeit und Wandel, Zustand und Funktion in Beziehung halten, einen Tritt auf diesem schmalen Grat zu finden. Denn nur mit diesem lassen sich über Systeminhärenz oder überhaupt Systemhaftigkeit von Religionen und anderen Denkgebäuden Aussagen treffen, die den Verschleiß ihrer Benennungen überdauern.[14]

Antisemitismus und magisches Denken sind auf sehr unterschiedliche Weise, aber in beinahe jeder Hinsicht merkwürdige Angelegenheiten. Um sie begrifflich zu fassen muß man ein Bild von dem entwickeln, was ihnen vorausgeht, was ihnen abgeht, was ihnen entgegensteht. Sie durch ein „und“ in Verbindung zu setzen, fordert herauszufinden, was mit ihnen nicht gemeint sein soll. Ob dieses mühselige und einsame Unterfangen überhaupt Aufschlüsse liefert, und wenn ja, auf welcher Ebene über wen und was, ist Teil des Problems, das eine nähere Betrachtung nicht löst, sondern vervielfältigt.

14 Im Titel *Die protestantische Ethik und der Geist des Kapitalismus* (WEBER 1934) ist *Geist* eben keine „schlechte Formulierung eines eigentlich empirischen Problems“, wie sie einem essentialistischen Begriffsverständnis unterlaufen kann (WENTURIS; VAN HOVE; DREIER 1992: 168), sondern ein erhabenes Wort, das Wirkung, Gehalt, Kern, System und vieles mehr in sich birgt und vereint. Von WEBERS feinsinnigem Umgang mit kontaminierten und schillernden Ausdrücken zehren wir, wie gesagt, bis heute.

I. Reifer Zauber

> Denken heißt ... : Segel setzen. *Wie* sie gesetzt werden, das ist wichtig. Worte sind ... nur die Segel. Wie sie gesetzt werden, das macht sie zum Begriff.
>
> Walter BENJAMIN (1974: 674)

Πάντα ῥεῖ. Im Sprachwandel fließen Wesen und Sein zusammen. In denselben Strom der Sprache steigen wir und steigen wir nicht. Sprechen wir dasselbe Wort, sind wir nie dieselben, und scheint uns sein Klang als derselbe, so können wir nicht vorhersagen, wie es in unseren Gedanken zu einer anderen Zeit an einer anderen Stelle klingen wird. Der Fluß der Sprache steht nicht still, und auch wenn sich Stromschnellen, Strudel und Untiefen nicht im selben Maße der Geschwindigkeit bewegen, so hören sie doch nie auf, zur Gänze Teil desselben Flusses zu sein. (vgl. auch HERAKLIT 2000)

Das Prinzip Magie beruht auf magischem Denken (vgl. F. A. BROCKHAUS 2004: 404), die Frage seiner Faßbarkeit kreist immer um die Formel des geistigen Wesens von Sprache überhaupt und gerät damit in den Radius der Bestimmung, „wie sehr Sprache mit Menschsein verwoben ist" (WONNEBERGER 2001: 101).[15] Ein wissenschaftlicher Zugang zu diesem Phänomen erschließt sich nicht über analytische Beweise, sondern nur über die eigene Spracherfahrung, die Dinge nachvollziehen oder nicht nachvollziehen kann (vgl. MENNINGHAUS 1980: 186), wobei die Forderung, daß sich „die Art der Annäherung jeder Geheimnistuerei enthalten" (LEHNERT 1972: 7) möge, dadurch sowohl an Anspruch als auch an Dringlichkeit gewinnt. In der titelgebenden Rede vom magischen Denken soll vorab klargestellt sein, daß Magie nur insofern eine materielle Seite aufweist, da das Denken selbst als physiologischer Vorgang, der einen organischen Abdruck auf Aminosäurestrukturen im Ge-

15 Eine Reflexion über magisches Denken zieht wissenschaftliches Streben in den philosophischen Trichter: Da Sprache nach der Auffassung vieler „nicht nur ein einzelnes 'Vermögen' des Menschen ist, sondern sein Wesen ausmacht, ist mit jeder Sprachtheorie eine Wesensbestimmung des Menschen verbunden" (HALDER; MÜLLER 1993: 293).

hirn hinterläßt, verstanden werden kann (vgl. auch VAIHINGER 1918: 1ff). Der amerikanische Science-Fiction-Autor Frank HERBERT liefert in seinem epischen, zum Teil durchaus auch epochalen »Dune«-Zyklus eine interessante *ex negativo*-Elementarlehre der Magie. So verkündet als Motto eines Kapitels 'Das Atreides-Manifest' aus dem 'Bene Gesserit-Archiv':

> Dies ist das ehrfurchtgebietende Universum der Magie: Es gibt keine Atome, überall sind nur Wellen und Bewegung. Hier sagt man sich von allen Verständigungsbarrieren los. Man verständigt sich nicht mehr. Man kann dieses Universum weder sehen noch hören, noch auf irgendeine Weise mit herkömmlichen Sinnen erfassen. Es ist die äußerste Leere, in der es keine vorher angeordneten Schirme gibt, auf die man irgendwelche Formen projizieren könnte. Hier wird man nur eines gewahr – des Schirms der Magier: Imagination! Hier erfährt man, was es ist, menschlich zu sein. Du bist der Schöpfer der Ordnung, herrlicher Formen und Systeme, der Organisator des Chaos. (HERBERT 1993: 374)

Das Reich der Magie ist das Reich der Gedanken und damit, in gewissem Sinne nachgeordnet, der Sprache und der Bewegung (vgl. HAUSCHILD 1987: 70). Walter BENJAMIN, den Hannah ARENDT als „den seltsamsten Marxisten bezeichnet" (BRUMLIK 2003: 382) haben soll, gibt in seiner verästelten Sprachtheorie Hinweise, wie der Terminus Magie auch in seiner alltäglichen und okkulten Praxis als „Statthalter und Entdecker einer gewöhnlichen, aber trotz ihrer Vertrautheit nicht als solcher gewußten 'Seite der Sprache'" (MENNINGHAUS 1980: 19) zu durchschauen ist:

> Jede ernsthafte Ergründung der okkulten, sürrealistischen, phantasmagorischen Gaben und Phänomene hat eine dialektische Verschränkung zur Voraussetzung, die ein romantischer Kopf sich niemals aneignen wird. Es bringt uns nämlich nicht weiter, die rätselhafte Seite am Rätselhaften pathetisch oder fanatisch zu unterstreichen; vielmehr durchdringen wir das Geheimnis nur in dem Grade, als wir es im Alltäglichen wiederfinden, kraft einer dialektischen Optik, die das Alltägliche als undurchdringlich, das Undurchdringliche als alltäglich erkennt. Die [...] passionierteste Untersuchung des Haschischrausches wird einen über das Denken (das ein

eminentes Narkotikum ist) nicht halb soviel lehren, wie die profane Erleuchtung des Denkens über den Haschischrausch. (BENJAMIN 1977: 307f)

Um den Preis der Allgemeinverständlichkeit dringen BENJAMINS im besten Sinne esoterische Spekulationen von den äußersten, exoterischsten bis zu den innersten Schichten der Sprache und ihrer magischen Seite vor. Nicht die vermeintliche Exklusivität seiner „vielfältigen Sprachphilosopheme(n)" haben eine (sprach)wissenschaftliche Rezeption erschwert, sondern ihre schwierige Fixierbarkeit, andererseits aber auch die Vernachlässigung jener Formel, für die die Linguistik zuständig wäre: S t i l. (vgl. MENNINGHAUS 1980: 8ff)

Der Ton macht die Musik. Während es einfacher fällt, in Kunstwerken dem „nichtsignifikative(n) Sprachmoment" eine dominante Rolle zuzuweisen, wird ihm im gewöhnlichen Sprechen in der Regel ein untergeordneter, subalterner Rang in der „Hierarchie sprachlicher Funktionen" beigemessen. Doch im ironischen Ton z. B. kommt gerade das zum Ausdruck, was „nicht nur in keinem der transportierten Inhalte enthalten, sondern ihnen geradezu entgegengesetzt ist". Die Frage nach „einer spezifischen Form sprachlicher 'Unmittelbarkeit'" führt zu einer „quasi archäologischen Ergründung magischer Spracherfahrung", die die instrumentelle Auffassung der Sprache als eines Mittels zum Transport von Inhalten relativiert oder gar negiert (cit. op. 13ff): „Nicht, was an einem geistigen Wesen mitteilbar ist, *erscheint* am klarsten in seiner Sprache, ... sondern dieses Mitteil*bare* ist unmittelbar die Sprache selbst". Sprache ist „im reinsten Sinne das 'Medium' der Mitteilung.[16] Das Mediale, das ist die *Unmittel*barkeit aller geistigen Mitteilung, ist das Grundproblem der Sprachtheorie, und wenn man diese Unmittelbarkeit magisch nennen will, so ist das Urproblem der Sprache ihre Magie." Jeder Sprache wohnt „ihre inkommensurable einziggeartete Unendlichkeit inne. Ihr sprachliches Wesen, nicht ihre verbalen Inhalte bezeichnen ihre Grenze." (BENJAMIN 1977: 142f) Der Stil ist in seiner Differenz zur „Fracht" (MENNINGHAUS 1980: 17), den verbalen Inhalten, „weder ein subtrahierbarer Formalismus

16 Das mehrdeutige Paradigma Medium realisiert sowohl naturwissenschaftliche und kommunikationstheorerische, als auch spiritistische Vor- und Anklänge an den Begriff der Magie, in dem BENJAMIN dieselben „Extreme der Erfahrungsbereiche" „ausdrücklich verschränkt und füreinander funktionalisiert" (MENNINGHAUS 1980: 17).

noch ein bloßer Filter der Darstellung" (cit. op. 13), sondern markiert „innerlich eine unvertilgbare Signatur eines bestimmten Weltzustandes, einer bestimmten Weltanschauung" (BENJAMIN 1974: 924). Erst seit der Etablierung der Konnotationsforschung bemüht sich die neuere Linguistik, wenn auch weniger fundamental und tiefgründig als der deutsch-jüdische Philosoph, „das Phänomen eines individuell-kontextuellen, mit einer abstrakten lexikalischen Semantik nicht faßbaren 'Tons' von Worten zu ihrem sprachwissenschaftlichen Recht kommen zu lassen" (MENNINGHAUS 1980: 229). Zum strukturalistischen Postulat der Arbitrarität von Zeichen verhält sich BENJAMINS Sprachtheorie nicht ablehnend, sondern indifferent, magisch ist in ihrem Sinne nicht die „interne Semantik der isolierten Worte", sondern der Mitteilungsmodus des Formprinzips, „das durch sie hindurchweht" (cit. op. 27). In besonderer dialektischer Kunstfertigkeit erscheint die Art, wie BENJAMIN den religionsphilosophischen Begriff der Offenbarung aktualisiert und reinterpretiert, ohne dabei einer Retheologisierung der Sprachphilosophie Vorschub zu leisten. Offenbarung als „das Sich-Zeigen von etwas Unaussprechlichem" ist in seiner Bestimmung von Sprache nicht „exklusives Zeugnis des Göttlichen, sondern eine Ausdrucksqualität allen Sprechens" (cit. op. 22). Die Autorität heiliger Texte gründet demnach auf einer im Prinzip profanen, allerdings außergewöhnlich gesteigerten magischen Wirkung ihrer Sprache (vgl. ebd.) und übersteigt insofern nicht die Sphäre der Immanenz, da „das höchste geistige Wesen, wie es in der Religion erscheint, rein auf dem Menschen und der Sprache in ihm beruht" (BENJAMIN 1977: 147). Unter negativen Vorzeichen wird in WITTGENSTEINS sprachanalytischer Kritik dieser Ausgangspunkt der Sprachmystik als „Theologie der Grammatik" gedeutet, die den philosophischen „Kampf gegen die Verhexung unsres Verstandes durch die Mittel unserer Sprache" unterläuft (ders. 1971: 183 u. 79).

Schon Romantiker, die den Magiebegriff inflationär bis hin zur Einbüßung seiner Unterscheidungskraft einsetzten, beschränkten die magischen Charaktere von Sprache nicht auf Poesie und gingen umgekehrt davon aus, daß Sprache nicht rundweg depoetisiert, also implizit ihrer Magie gänzlich beraubt werden könne (vgl. cit. op. 28f). Gleichwohl scheint in der Lyrikinterpretation die „magische Funktion der Sprache" (LEHNERT 1972: 134), für die „Symbolfähigkeit" (MIETH 2001: 137) nur ein anderer Ausdruck ist, am ehesten angenommen und berücksichtigt worden zu sein. Die Sprache der Lyrik „verschiebt die Worte", anders als „begriffliches Reden und Argumentieren" versucht sie nicht, „die Variablen der Sprache zugunsten der Eindeutigkeit zu reduzieren", sondern im Gegenteil „Eindeutigkeiten ins Unbekannte hinein zu verschieben" (ebd.). Dabei ist der Befund nicht neu, daß ein Gedicht nur im Zusammenspiel der beschwörenden, suggestiven Macht seiner Worte mit einem ordnungsstiftenden „Gewebe sinnvoller Beziehungen" funktioniert.[17] Doch die herkömmliche Dichotomie zwischen Form und Inhalt, Gehalt und Gestalt hat einem Bewußtsein Platz gemacht, das eine Trennbarkeit dieser wie auch immer genannten Bestandteile anzweifelt und stattdessen mit Aspektpaaren wie Struktur und Sprachmagie operiert, die als Betrachtungsweisen, als „Ansichten der Einheit eines Kunstwerkes" zu verstehen sind und nicht als Bezeichnungen selbstständiger, voneinander isolierter Schichten (LEHNERT 1972: 7ff). Sprachmagie erfüllt in der Poesie die Funktion der intensiven Vergegenwärtigung, und diese stellt die Identifikation her von Dichter und Leser im lyrischen Ich. Selbst dann, wenn sprachmagische Vergegenwärtigung auf V e r d u n k e l u n g hinzielt, manifestiert sich in ihr immer noch ein Moment der V e r s t ä n d i g u n g als einer der Hauptzwecke von Sprache überhaupt (vgl. auch cit. op. 134). Im vagen Geraune von Übersinnlichkeit findet diese magische Möglichkeit, einen unsichtbaren wie unmittelbaren Bogen zwischen den Gedanken verschiedener menschlicher Identitäten zu spannen, ihren allgemeinsprachlichen Niederschlag.[18]

---

17 Freilich vermag auch das Enigma unverständlicher Wortkompositionen in manchen Fällen eine Brücke zum Verständnis des Lesers zu schlagen, doch die „Mode der Verrätselung" (LEHNERT 1972: 135), die Tendenz im modernen Gedicht, die sprachliche Eigenwelt hermetisch zu versiegeln und eine Kommunikation mit dem Publikum von vornherein zu verweigern, hat längst die Kurve von der Provokation zur Konvention genommen (vgl. cit. op. 7ff).

18 In diesem Sinne läßt sich auch die „profane Erleuchtung des Lesens", das Lesen schlechthin als ein „eminent telepathischer Vorgang" beschreiben (BENJAMIN 1977: 307). Bei Sigmund FREUD ist dieser Zusammenhang allgemeiner herausgearbeitet: „Da das Denken keine Entfernungen kennt, das räumlich Entlegenste wie das zeitlich Verschiedenste mit Leichtigkeit in einen Bewußtseinsakt zusammenbringt, wird auch die magische Welt sich telepathisch über die räumliche Distanz hinaussetzen" (ders. 1948: 105).

Begreift man Magie nun als einen der Sprache immanenten Charakterzug (vgl. MENNINGHAUS 1980: 29), kann nicht das magische Element in ihr selbst „liquidiert" werden, sondern lediglich die „Scheidung zwischen der magischen und der profanen Funktion des Sprechens ... zu Gunsten der letzteren" (BENJAMIN 1977: 956). So z. B. konstatiert bei Bertolt BRECHT, bei dem der hohe Grad magisch-unmittelbarer Ausdruckskraft ganz in den Dienst profaner Funktion getreten sei und nichts mehr zu schaffen habe mit der "suggestiv-beschwörenden ... Wolkenbildung eines Sprechens" (MENNINGHAUS 1980: 77). In den nach wie vor unsere Wirklichkeit belauernden Anti-Utopien *1984* von George ORWELL und dem vor allem durch seine Verfilmung bekannten Roman *Fahrenheit 451* von Ray Douglas BRADBURY liefert genau diese Vernichtung der Scheidung das dystopische Programm: Das totalitäre Idiom *Newspeak* soll als eine von jeder farblichen Schattierung befreite Plansprache entwickelt werden zu einem reinen Instrument des Befehls und der Manipulation (vgl. ORWELL 1949), die Verbrennung aller Bücher bei gleichzeitiger Dauersuggestion durch die Videoleinwand jede phantastische menschliche Regung zum Stillstand bringen (vgl. BRADBURY 1953). Wie wenig auch die linguistische Zunft mit Walter BENJAMIN, dieser „hochbedeutende[n] Figur in der Geschichte kritischen Denkens" (Gershom SCHOLEM nach MENNINGHAUS 1980: 7) und seinen sprachphilosophischen Erkenntnissen anzufangen weiß (vgl. MENNINGHAUS 1980: 15), in den Künsten erscheinen sie alles andere als randständig.

Die Psychologie hingegen räumt magischem Denken interessante kategoriale Nischen ein, wie ein Blick in entsprechende Hand- und Wörterbücher zeigt. So wird eine zwischen dem 4. und 7. Lebensjahr einsetzende und sich später differenzierende „magische Denkhaltung und Handlungsweise", die nicht nach „sachlich-verträglichen Beziehungen sucht", sondern jede Verbindung zwischen den Dingen für möglich hält, als ein Charakteristikum des Kindesalters qualifiziert (SACHS 1980: 1302; vgl. MARKOWITSCH 2001: 6), andernorts als eine bei „Naturvölkern und Kindern anzutreffende ... Geisteshaltung", die auch „primitives, archaisches Denken" genannt wird (JANKE 2004: 569). In beiden Artikeln wird magisches Denken bei Kindern nicht explizit als Störung oder Krankheit aufgefaßt, wobei nur im ersteren anklingt, daß magisches Denken Kindheit gewissermaßen erst konstituiere. Das „von der akademischen Psychologie lange vernachlässigt[e]" Konzept der Eidetik entfaltet diesen

Zusammenhang zwischen magischem Denken und dem Wesen des Kindes. Die umgangssprachlich wenig gebräuchliche Eidetik bezeichnet bildhaftes, anschauliches Denken wie im weiteren Sinne einen „Denk- oder Bewußtseinsmodus, in welchem Wahrnehmen und Denken vereinigt sind". Imaginationskraft als eidetische Fähigkeit, die bei Kindern stärker ausgeprägt sei als bei Erwachsenen und gleichermaßen kognitive wie dynamische Aspekte umfasse, ist hier dann von einer bloßen psychischen Disposition aufgewertet zu einer „kindliche[n] Tugend". (FLOSSDORF 1987: 246ff) Wenn sich also die kindliche magische Denkhaltung mit dem Älterwerden zurückbilden oder irgendwohin transformieren soll, kommt man nicht umhin, wenigstens anzudeuten, was in geistiger Hinsicht aus dem Kinde einen Erwachsenen macht und ob jene Lücke, die zwischen Kinder- und Erwachsenenwelt klafft, mit dem Herauswachsen aus den Kinderschuhen fugendicht oder nur provisorisch geschlossen wird.

„Das magische Denken ist unfähig zur Erfahrung" (BRUHN 1987: 128)[19] – Ganz so einfach negativ ist in unserem Kontext der Zusammenhang zwischen magischem Denken und Erfahrung zwar nicht zu verstehen, doch verweist er auf bestimmte mentale Merkmale, wie sie dem Kinde eigentümlich sind. Denn diesem ist die magische Gabe der Zuversicht in die Wiege gelegt. Nicht Erfahrung, sondern Vertrauen bildet das Fundament des kindlichen Lernprozesses.[20] Käme ein Kind mit einer Grundeinstellung des Mißtrauens gewissermaßen als Verschwörungstheoretiker zur Welt, es wäre schlechterdings nicht lernfähig. Ein arroganter Säugling, der glaubt, schon alles zu wissen und ohne fremde Hilfe durchs Leben zu kommen, ist zum Glück kaum

---

19 Diese Abqualifizierung magischen Denkens ist einem Essay über die Logik des Opfers im RAF-Terrorismus entnommen. Der Magiebegriff ist hier mit einem ethnologischen Paradigma assoziiert: „Der heroische Terrorist, der dem magischen Gedanken folgend glaubt, zwischen seiner Tat und der Revolution bestünde irgendein anderer Zusammenhang als der des Opfers, gleicht den Eingeborenen im Madagaskar des 17. Jahrhunderts, die sich selber vergifteten, um die Regengötter gnädig zu stimmen." (ebd.)

20 Natürlich erfährt ein Kind schon vor der Geburt die Welt des Mutterleibes und wenn es diesen verläßt, lernt es sofort elementare Dinge wie das Atmen. Doch das an dieser Stelle gemeinte Erfahren und Lernen setzt Erinnerung voraus, baut also auf etwas Vorangegangenem auf.

vorstellbar. Der kindliche Vertrauensvorschuß in den guten Gang der Welt läßt jede denkbare Möglichkeit gelingen und stellt keine Risikoberechnung auf.[21] Menschliches Urvertrauen macht dem Kinde den Spracherwerb so leicht und selbstverständlich. In seiner profanen Gutgläubigkeit[22] erscheint ihm jedes erfaßte Wort irgendwie, also durch die Perspektive des magischen Kaleidoskops, als sinnvoll und richtig. Die Tugenden des Zweifels und der Wachsamkeit, die ein „rationales Komplement" (VON MALTZAHN 2006: 184) zum unbegrenzten Vertrauen bilden, reifen erst durch enttäuschte Erwartungen, die dem Kinde die Grenzen des eigenen Ich aufzeigen und es zu einer Identität führen, die ein selbstständiges Leben ermöglicht.[23] Der reguläre Preis des (früh)kindlichen Vertrauens ist neben dem Weinen der Umstand, auf das Wissen und die Hilfe anderer in erhöhtem Maße angewiesen zu sein. (vgl. auch cit. op. 153 u. 175-186) Der kleinste Säugling wehrt sich mit Tränen und Geschrei gegen jedweden gefühlten Mißstand, aber es ist vor allem sein Lachen, in dem er von Anfang an sein magisches Urvermögen und vielleicht gerade damit seine menschliche Eigenart offenbart.

Mit der Aneignung der Lesefähigkeit, die eine andere, eine analytischere Disziplinierung fordert als der allgemeinmenschliche Spracherwerb,[24] verlie-

---

21 „Das ist die Besonderheit beim Vertrauen: Wir vertrauen, ohne das Risiko genau berechnet zu haben, ohne die Kosten und Gewinne gegeneinander verrechnet zu haben. [...] Gerade das Berechnen würde Vertrauen in Mißtrauen verwandeln." (VON MALTZAHN 2006: 175)

22 Das Attribut profan ist in dieser Verwendung nicht wie im BENJAMINschen Sinne in Opposition zu magischem Denken zu verstehen, sondern zu transzendentalem Glauben.

23 Als Beispiel für ein – provisorisch gesprochen – einseitiges Denkverhalten, das in den meisten Fällen spezielle Aufmerksamkeit und Betreuung erfordert, sei hier das Phänomen des Autismus angeführt. Interessant sind die Widersprüche, die in der psychologischen Klassifikation der sprachlich-gedanklichen Defizite zutage treten. Zu Zeiten seiner Etablierung in der Psychiatrie bezeichnete der Begriff das „besonders bei der Schizophrenie auftretende fantastische, traumhafte, affektiv-impulsive, undisziplinierte, auch unlogische Denken", aus dem „bizarr-verschrobene Sprachspiele" resultieren können (GRIMM 2004: 95f). Andererseits sei bei Autisten gerade die „Phantasie ... beeinträchtigt" (PETERMANN 2000: 166).

24 Lesen und Schreiben setzen Verstehen und Sprechen voraus, was umgekehrt nicht gilt. Der menschliche Spracherwerb setzt auf „primitives Denken" (im Sinne des oben zitier-

ren Kinder nicht etwa ihr phantastisches Potential, sondern sie erleben nun die „auratische Evokationskraft sprachlicher 'Aromen'" (MENNINGHAUS 1980: 184) in der Literatur auf ihre eigene Weise, die jedoch auch „über den kindlichen 'Sprachbereich' hinaus, auf analoge Phänomene 'jeden Lesens'" (cit. op. 1985) verweist:

> Ihnen [den Kindern] nämlich sind Wörter noch wie Höhlen, zwischen denen sie seltsame Verbindungswege kennen. [...] Ein Teil von solcher Sicht liegt aber wirklich in jedem Akt des Lesens eingeschlossen. Nicht nur das Volk liest so Romane ... auch der Gebildete liegt lesend auf der Lauer nach Wendungen und Worten, und der Sinn ist nur der Hintergrund, auf dem der Schatten ruht, den sie wie Relieffiguren werfen. (BENJAMIN 1972: 432f)

Die Teilhabe an der kindlichen Sprach- und Vorstellungswelt, wie sie erziehenden Elternteilen in infantiler Gutzidutzi-Kommunikation, im außerschulischen Vermitteln der Sprachfertigkeit, im erbettelten, dutzendfachen Vorlesen derselben Textpassagen widerfährt, gewährt eine Regression, deren magische Wertschöpfung durch kaum etwas anderes zu erreichen ist.[25] Gerade im „kurzweiligen Sinn der Repetition des scheinbar Immergleichen, der den Zeitfluß stillstellt und eine punktförmige Zeitmarke ganz eigener, herausgehobener Qualität konstituert [sic], die die übrige Zeit vergessen läßt" (BÖHM 2001: 400), entdecken Kinder eine Gegenwelt zur aufgeklärten Moderne, „wo alles Stereotype und Repetitive als negativ und tödlich erscheint ... und zumal als tragender Mechanismus von Werbung, Rhetorik und Propaganda kulturkritisch geächtet ist" (cit. op. 399). Möglicherweise ist ein Grund für die niedrigen Geburtenraten in Gesellschaften mit hoher Formalbildung ein Stück weit auch

---

ten Eintrags in einem psychologischen Wörterbuch), das nicht Regeln lernt, sondern Netze aus Analogiebildungen, Ähnlichkeitsunterstellungen und Klangexperimenten knüpft.

25 Ein Blick in die Klatschspalten der Tagespresse enthüllt, daß zumindest eine Hollywoodgröße wie der 45-jährige Nicolas CAGE so ähnlich empfindet, auch wenn ihm typischerweise der gemeinsame innerfamiliäre Filmkonsum diese Einsicht vermittelt: „Ich denke, es gibt nichts Heiligeres als die magische Welt der Kinder." (ddp-Meldung in der *Berliner Zeitung* vom 22. Juli 2009, S. 28)

hier in der Liquidation von Magie im BENJAMINschen Sinne zu suchen: Magischer Kindersegen wird nicht mehr als selbstverständlich sphärenbildend empfunden, sondern nunmehr als Mosaikstein in einem durchdachten Gesamtentwurf, der sich in Kategorien von Notwendigkeit und Ausgleich entfaltet und diese in derselben Ebene auf eine Rechnung setzt.

„Daß eidetische Fähigkeiten und Imaginationskraft nicht mit entwicklungsmechanischer Zwangsläufigkeit im Erwachsenenalter sich verflüchtigen", ist physiologisch durch das *corpus callosum* gewährleistet, ein Nervenfaserbündel, das die linke Hirnhälfte, die „vornehmlich analytische, sequentielle, lineare Funktionen" repräsentiert, mit der rechten, die „eher eidetische, simultane, impulsive" Aufgaben wahrnimmt, verbindet. Mangelnde Inanspruchnahme der einen Hemisphäre kann jedoch die Kooperation zwischen beiden Hälften stören, wobei die zeitweise Stillegung nicht unbedingt zum irreversiblen Verlust der komplementären Fähigkeiten führen muß. Da nur die linke Hirnhälfte „Sitz des Sprachzentrums und damit sprachlicher Realitätskonstruktionen fähig" sein soll, läßt sich von einer „Asymmetrie der Zweiteilung des menschlichen Gehirns" ausgehen, die mit einer „Funktionsteilung unterschiedlicher Bewußtseins- und Denkmodi" korreliert. (FLOSSDORF 1987: 249) Es sei dahingestellt, ob neueste neurologische Forschungsergebnisse dieses Hemisphärenmodell stützten, relativierten oder komplett widerlegten. Immerhin bleibt festzuhalten, daß sich die begriffliche Trennung bestimmter Denkformen möglicherweise auf physiologische Begebenheiten berufen kann. Und in jedem Falle liefert das psychologische Vokabular einige Termini, die dazu beitragen, zu Gegenbegriffen des magischen Denkens zu gelangen: analytisch, sequentiell, linear. Die kritische Stoßrichtung des Eidetikkonzepts zielt natürlich nicht auf die linke Hirnhälfte und ihre Funktionen als solche, wohl aber „gegen den 'cartesianischen Hochmut', der mit der Verabsolutierung des Rationalismus die *'Primitivschichten des Denkens und Erkennens'* aus dem Blick verliert, ja deren Bedeutung gerade auch für das rationale, analytische Denken verkennt" (cit. op. 247).

Lapidare, undifferenzierte Zuschreibungen, wie sie für psychologische und wahrscheinlich alle Wörterbuchartikel charakteristisch, gleichwohl unumgänglich sind, bieten sich bisweilen als guter Einstieg in mehrstöckige Begriffsgewölbe an. Es spielt dabei eine untergeordnete Rolle, ob die Auffassung, daß es sich bei magischem Denken um eine „bei Naturvölkern und Kindern anzutreffende ... Geisteshaltung“ (s. o.) handle, aus historischen, editorischen oder sachlichen Erwägungen in einer recht aktuellen Auflage eines Klassikers seines Faches[26] verbleibt. So beiläufig allein das „und“ in dieser Reihung daherkommt, so unausweichlich wird es zum Stein des Anstoßes, wenn man die wissenschaftlichen Prämissen dahinter einmal ins Auge faßt. Die Ansicht,

> das irgendwie fremdartige, von magisch-mythischem Bildzauber beherrschte Denken der „Wilden“ sei allenfalls demjenigen der Kinder der „Zivilisierten“ vergleichbar, wohingegen der „zivilisierte“ Erwachsene ein kognitives Entwicklungsniveau erreiche, das dem „unterentwickelten Wilden“ versagt bleibe (FLOSSDORF 1987: 248)

ist nicht allein als evolutionistisches Vorurteil aufzulösen. Natürlich springt auf den ersten Blick die bloße Unzulänglichkeit ins Auge, wenn die Asymmetrie zwischen wilden Erwachsenen und zivilisierten Kindern so einfach übergangen und zu einer Symmetrie umgedeutet wird. Ein wilder Erwachsener ist eben ein Erwachsener, denn auch bei den Wilden gibt es Kinder. Ein zivilisiertes Kind ist eben ein Kind, denn auch bei den Zivilisierten gibt es Erwachsene. Wie es sich beim Erwachsenen um „keine bloße Verfallserscheinung des Kindes“ (ROSENZWEIG 1923: 37) handelt, so ist weder der Zivilisierte eine Schwundstufe des Wilden, noch der Wilde ein Prototyp des Zivilisierten. Kindheit ist tatsächlich eine Phase in der menschlichen Entwicklung, Wildheit – im ethnologischen Sinne – nur angeblich. Magisches und wildes Denken lassen sich zwar in einen engen Zusammenhang stellen, aber wilde Intelligenz ist eben Intelligenz und nicht Minderbemittlung. Gegensatzpaare wie wild und zivilisiert, die die Menschheit in Natur- und Kulturvölker unterteilen, bleiben, selbst wenn man von ihrem Wertungsaspekt absieht, immer kritikwürdig, nicht nur wegen ihrer Oberflächlichkeit.[27] Der Vorwurf der Projektion und des europäischen Ethnozentrismus ist nie gänzlich verkehrt, schließ-

---

26 Diesen Status verleihen jedenfalls die Herausgeber ihrem in der 14. Auflage vorliegenden *Dorsch Psychologisches Wörterbuch* im Vorwort (vgl. HÄCKER; STAPF 2004: VI). Die 15. Auflage von 2009 lag dem Verfasser zum Zeitpunkt der Bearbeitung noch nicht vor.

lich hebt die scheinbare Symmetrie eines Vergleichs weder die Asymmetrie des Inhalts, wie sie ein Denken in Entwicklungsstufen übersieht, noch die Asymmetrie der Beschreibung, wie sie eine Vorstellung von fremdem Denken erzeugt, auf. Doch die wohlfeile Verwerfung von überkommen geglaubten Dichotomien mitsamt deren Kategorien schafft nur neue,[28] oft blassere Einteilungen und außerdem die dahinter stehenden Gedanken nicht aus der Welt. (vgl. auch LANWERD 1993: 136ff)

Der Nachweis einer besonderen Nähe zwischen wildem und magischem Denken kann anhand klar festzumachender kultureller Kriterien erbracht werden und ist nicht auf pauschale Mentalitätsunterstellungen angewiesen. So „bringen unterschiedliche 'Produktionsmittel' des Geistes unterschiedliche Modi des Denkens hervor", und was Zivilisation in entscheidendem Maße bedingt, ist *„Literalität,* Verbalisierung und Verschriftlichung aller Erfahrung" als „das zentrale Produktionsmittel des Denkens unserer Kultur, welches das bildhafte Denken so wirkungsvoll beiseite drängt." Nur in dieser Perspektive läßt sich von eigentlicher und nicht nur vermeintlicher Primitivität der Wilden sprechen, da „solche gesellschaftliche Strukturierung je einzeln subjektiv-biographisch erst angeeignet werden muß" (FLOSSDORF 1987: 248); Literalität ist kein ursprünglicher und allgemeiner, sondern ein sekundärer und partieller menschlicher Wesenszug, allerdings ein für die Denkhaltung folgenreicher, denn

> [m]it der Dominanz des geschriebenen Wortes distanziert sich das Denken vom Wahrnehmen. Bild und Begriff fallen dichotomisch auseinander.

---

27 Begriffe wie Naturvölker, Wilde, Primitive, traditionale, schriftlose oder Stammesgesellschaften tragen alle den Makel, „daß sie die mit ihrer Hilfe bezeichneten Gesellschaften allein nach Maßgabe dessen bestimmen, was sie im Vergleich zu der unseren nicht sind. Dieser Einwand gilt vice versa auch für Lévi-Strauss' Vorschlag einer positiven Bestimmung jener Gesellschaften als 'authentische' im Gegensatz zu den 'nicht-authentischen' modernen Industriegesellschaften." (KOHL 1998: 237)

28 Die gefühlte und sich in der zyklischen Wiederkehr von Neuvorschlägen manifestierende Notwendigkeit, zur Erledigung der unlösbaren Aufgabe beitragen zu müssen, für die „Wilden" und deren „Naturvölker" angemessenere Bezeichnungen zu finden, resultiert zu einem gewissen Grade auch aus einer mangelnden Kenntnis über das Wesen der Namensgebung (vgl. Exkurs 1).

> Die höchstentwickelten Formen des abendländischen Denkens setzen die Fragmentierung, Elementarisierung, Linearisierung der Sinnes- und Verstandestätigkeit voraus, die wortwörtliche Buchstabierung durch eine Schrift zumal, die von der Bildhaftigkeit noch der ersten Schriftzeichen längst nichts mehr erkennen läßt. (ebd.)

Kinder vor dem schriftlichen Spracherwerb zeigen in ihrer dynamischen, nicht pathologischen Neigung zur Anschaulichkeit, die magisches Denken prägt, „eidetische Fähigkeiten, wie sie in nonliteralen Kulturen eher noch gesamtgesellschaftlich vorhanden sein mögen" (ebd.). Unter dem Aspekt der Macht des gesprochenen, direkt mit Handlungen verbundenen Wortes in schriftlosen Kulturen (vgl. KIPPENBERG 1998: 96) erscheint eine typologische Gleichstellung von schriftlosen Naturvölkern und schriftlosen Kindern plausibel, allerdings nur in eben diesem Punkte.[29]

Den Fokus nun auf die klassischen Beschreibungen der Magie der Wilden zu richten, verlangt, vorher die Fallgrube freizulegen, in die man typischerweise beim Aufspüren der ganz anderen Art so leicht einbricht. Die Gefahr dabei besteht nicht nur im naheliegenden Blickwinkel, „das Eigene in seiner Idealität aufzufassen und das Fremde in der ganzen Breite seiner ... befleckten Wirklichkeit", sondern gerade auch im subtileren Gegenteil, „daß man das Eigene, das man ja selber kennt, in seiner vollen Wirklichkeitsbreite und -tiefe nimmt, das Fremde aber, von dem man eben doch nur 'Kenntnis genommen' hat, größtenteils nur wie es im Buche steht, also grade zu – ideal" (ROSENZWEIG 1923: 34f). Apologetisches Denken, das dazu tendiert, allgemeinmenschliche Geistes- und Verhaltensnormen als spezifische einer bestimmten Kultur, Religion oder Lebensweise auszugeben, verfügt zwar über den „Reiz – und die Wahrhaftigkeit – des Gelegenheitsdenkens", bleibt aber, im Gegensatz zum systematischen Denken, das sich „den Kreis seiner Gegenstän-

29 Eine Gemeinsamkeit indirekter Art ergibt sich noch aus dem mangelhaften Einfühlungsvermögen, das der zivilisierte Erwachsene Wilden wie Kindern gleichermaßen entgegenbringt: „Allein ich meine, es könnte uns mit der Psychologie dieser Völker, die auf der animistischen Stufe stehen geblieben sind, leicht so ergehen wie mit dem Seelenleben des Kindes, das wir Erwachsene nicht mehr verstehen, und dessen Reichhaltigkeit und Feinfühligkeit wir darum so sehr unterschätzt haben" (FREUD 1948: 121).

de“ selber bestimmt, „abhängig von der Veranlassung, vom Gegner“ (cit. op. 33). Wegen der in unserem Sujet allzeit und überall präsenten Verlockung und Schwäche einer apologetischen Verengung der Sicht setzt besonders für die Religionswissenschaft der Rat Franz ROSENZWEIGS, des Mitbegründers der Dialogischen Philosophie (HALDER; MÜLLER 1993: 262), in hermeneutischer wie in ethischer Hinsicht Maßstäbe:

> Es ist die erste Pflicht der theoretischen Nächstenliebe (die ... nicht weniger wichtig ist als die praktische ...), daß wir bei jeder Meinung, die wir über einen andern bilden, niemals vergessen uns zu fragen: kann der andre, wenn er so ist, wie ich ihn hier abmale, denn noch – leben? Denn das will und soll er doch – „wie ich“. (ROSENZWEIG 1923: 35)

Und in seinem unübertroffenen Duktus, in dem Präzision mit heiterer Farbenfülle zusammenfließt, gibt im Anschluß der Kenner und Kritiker des Deutschen Idealismus, der mit seinen Annahmen „zum bedeutendsten jüdischen Denker des Christentums geworden“ (BRUMLIK 2003: 373) ist, ein glänzendes und auch für die Thematik dieser Arbeit bedeutsames Beispiel für lebensunfähige Zerrbilder, wie sie apologetische Verkürzungen hervorbringen können:

> Nicht lebensfähig wären diese humor- und seelenlosen Gesetzesmaschinen, die sich der Christ so gern unter den „Pharisäern“ vorstellt; ebensowenig aber auch jene blassen Himmelslilien, die der Jude auf Grund der Lektüre der Bergpredigt als die einzigen „wahren Christen“ gelten lassen möchte. Will man einen Geist verstehen, so darf man durchaus nicht von dem zugehörigen Leib abstrahieren. (cit. op. 35f)

Nicht weniger unglaubwürdig liest sich die magische Denk- und Lebensart der Wilden, wenn sie als virtuelle Folie vornehmlich dazu dienen soll, die eigene Façon entweder als eine überlegene zu rechtfertigen oder als eine dekadente zu verurteilen. Im einen Falle gerät der Grundzug der Projektion zu defizitär, im anderen zu edel. Immerhin müssen wilde Naturvölker den Lauf der Zeiten über so gut mit ihrem Leben zurecht gekommen sein, daß zivilisierte Kulturvölker überhaupt Menschen vorfanden, in deren Augenglanz sie ihre Vorstellungen von sich selbst spiegeln konnten.

Da der Begriff Magie in seinem religionsethnologischen Spektrum „für eine Vielfalt von Erscheinungen gebraucht" (QUACK 1988: 382) wird, kommt man nicht umhin, ihn unter zeitweiser Mißachtung seines dialektischen Zusammenhalts in phänomenologische und funktionale Strukturelemente aufzufächern. Der Wirkungscharakter von Magie kann demnach einerseits als „instrumental und zweckorientiert", andererseits als „expressiv oder symbolisch" aufgefaßt werden (ebd.). Der symbolische Aspekt von Magie ist aufs engste mit dem Bereich der Sprachmagie verknüpft und deckt sich, wie bereits erwähnt, weitgehend mit der „Symbolfähigkeit" der Sprache, die bewirkt, daß „ein von Sprachassoziationen freier Begriff und damit ein 'rein' tradierbarer Begriff ... nicht denkbar" (MIETH 2001: 137) ist. Mit der „Aufgabe, kulturelle Systeme, etwa die Gesellschaftsorganisation, darzustellen und zu stabilisieren" (QUACK 1988: 382) erfüllen symbolische bzw. expressive Erscheinungsformen der Magie letztendlich auch soziale Funktionen, allerdings nicht auf so unmittelbare Art wie instrumentale und zweckorientierte Magie als „sozialer Diskurs" (BÄUMER 1999: 363).[30] Zweckorientierte Magie, der also eine relativ klar umrissene „Zielsetzung ihrer Anwendung" (F. A. BROCKHAUS 2004: 405) zugrunde liegt, wird in der „esoterischen Tradition, die auch in den modernen Gesellschaften wieder Anhänger findet" (FÜSSEL; HUBER; WALPEN 1990: 121), in weiße und schwarze Magie unterteilt, wobei eine auf den ersten Blick vielleicht naheliegende Auflösung in ethische Antonyme wie legitime, anständige und illegitime, unanständige Magie den Gehalt dieser Gegenüberstellung lediglich zum Teil wiedergibt. Mit schwarzer Magie assoziiert werden nicht nur destruktive Praktiken wie Verwünschungen jeder Art oder der populäre Voodoo-Schadenszauber, bei dem die Erdolchung eines stellvertretenden Wachspüppchens den „magischen Tod ... des Opfers" herbeiführen soll (BÄUMER 1999: 363f), sondern auch besitzergreifende Verhexungen wie Liebeszauber, Dämonenbeschwörung und das schon aus antiker Hochkultur bekannte Totenorakel, die Nekromantie.[31] Der „dazu gebildete Komplementär-

30 Diese Unterscheidung kann ohnehin nur graduell und nicht absolut getroffen werden, da durch die Sprache Symbol und Zweck aneinander gekoppelt sind.

31 Gr. τὸ νεκρομαντεῖον (spätgriechische Lesart für τὸ νεκυιομαντεῖον) „Totenorakel vermittelst Totenbeschwörung" (GEMOLL 1965: 518). Die Verballhornung von *Nekro*mantie zu *Nigro*mantie steht unter der volksetymologischen Motivation, das griechische

begriff weiße Magie" soll diejenigen konstruktiven Manipulationen umfassen, die „ohne ... schädigende Intention zur Mehrung von Gütern eingesetzt werden" (F. A. BROCKHAUS 2004: 405), dem Individuum oder der Gruppe beispielsweise in Form von landwirtschaftlicher Ertragssteigerung und Krankenheilung einen Nutzen bringen oder zum Schutz vor schwarzer Magie dienen wie ein Amulett gegen den Bösen Blick (vgl. BÄUMER 1999: 363). Im eher hermetischen Verständnis ist weiße Magie „durch chemische, mechanische Erscheinungen der physikalischen Objekte charakterisiert", also von natürlicher Art im Gegensatz zur übernatürlichen schwarzen Magie (MARKOWITSCH 2001: 6), womit die der christlichen Tradition entlehnte Differenzierung zwischen „Magia naturalis und innaturalis, in der Natur angelegte und verbotene, außerirdische Eingriffe" (F. A. BROCKHAUS 2004: 405) korrespondiert. Die Unterscheidung zwischen positiver und negativer Magie (vgl. QUACK 1988: 383) als weitere Möglichkeit der Kontrastierung bietet sich an bei der Kategorisierung von Talismanen, denen „eine oft als magisch apostrophierte Wirkung in der Herbeiführung von positiven und der Abwehr von negativen Ereignissen und Entwicklungen zugeschrieben wird" (SEFRIN 2001: 162). Mit seinem Konzept der sympathetischen Magie und ihrer Unterscheidung nach – scheinbaren – Funktionsweisen in homöopathische oder imitative und kontagiöse oder Übertragungsmagie lieferte schließlich der „schottische Anthropologe, Religionswissenschaftler und klassische Philologe" Sir James George FRAZER seinen wohl wichtigsten Beitrag für unsere Disziplin (WISSMANN 1997: 77 u. 84) und einen gerade für seine konsequentesten Kritiker fruchtbaren Nährboden für weiterführende Debatten (vgl. KIPPENBERG 1998: 87). Der 1914 geadelte Schreibtischgelehrte[32] wagte mit seiner groß angelegten Entwicklungssynthese, in der Magie erst von Religion und dann von Wissenschaft abgelöst wird (vgl.

νεκρός „Leichnam" mit dem lateinischen *niger*, „schwarz" in Verbindung zu bringen (F. A. BROCKHAUS 2004: 405).

32 FRAZER verließ während seiner Reisen zu wilden Naturvölkern nie seine Cambridger Bibliothek (vgl. KIPPENBERG 1998: 86), obgleich er sich „mit großer Hingabe" um eine Förderung der Feldforschung bemühte (WISSMANN 1997: 88). Eine unhinterfragte Entwertung der in der Sprachwissenschaft als *armchair linguistics* bekannten „Lehnstuhlmethode" (BERTHELE 2006: 2) verkennt jedoch deren Notwendigkeit für eine visionäre Gesamtschau, wie sie FRAZER als Polyhistor der Alten Schule noch zuwege bringen konnte.

QUACK 1998: 383), den „wohl letzte[n] Versuch einer religionswissenschaftlichen Universalgeschichte" und obwohl seine epochemachenden Werke wie die „Perspektive seiner Positionen" als fast vollständig überholt gelten, gibt er als „einer der Väter von Ethnologie und Religionswissenschaft" ein archetypisches Beispiel ab für einen glühenden, in seinem religionskritischen Impetus geradezu militanten Apologeten der Wissenschaftlichkeit und des Rationalismus. (vgl. WISSMANN 1997: 88)

In FRAZERS Theorie sind beide Zweige der sympathetischen Magie als zwei falsche Anwendungen der an sich ausgezeichneten und für die menschliche Denkfähigkeit unbedingt notwendigen Ideenassoziation (vgl. LANWERD 1993: 117) verbunden durch die irrtümliche Annahme eines Naturgesetzes, „demzufolge Dinge durch eine geheime *Sympathie* aufeinander einwirken" (KIPPENBERG 1998: 86). So beruhe das Prinzip homöopathischer Magie auf dem Analogieschluß zwischen einer nachahmenden Handlung und ihrer Wirkung auf das Vorbild (vgl. FÜSSEL; HUBER; WALPEN 1990: 121): Der Feind erleidet mit der Vernichtung seines Bildnisses einen Schaden (vgl. LANWERD 1993: 117) oder die Gemeinschaft erfährt mit dem durch Ausgießen von Wasser beschworenen Regen einen Nutzen (F. A. BROCKHAUS 2004: 405). Kontagiöse Magie stützt sich unter anderem auf ein konkretes *pars pro toto*-Verständnis (vgl. QUACK 1998: 383): Der ursprüngliche Zusammenhalt von Dingen dauert auch über die Distanz fort, so verleiht das Haar eines Menschen dem Besitzer Macht über die gesamte Person (vgl. LANWERD 1993: 118). Daß sich FRAZERS Unterteilung magischer Kategorien auch über den ethnologischen Rahmen hinaus „als nützlich erwiesen hat" (KIPPENBERG 1998: 87), vermag vielleicht ein vorgreifendes Beispiel aus dem „Zentrum des nazistischen Rituals" (ARENDT 1955: 600) verdeutlichen. Die Blutfahne des Hitler-Putsches, mit der auf den Parteitagen der NSDAP sämtlichen Flaggen durch direkte Berührung die Weihe erteilt wurde, „erschien gesättigt mit symbolischer Kraft, die durch magisches Ritual auf alle anderen Fahnen übertragen wurde" (VONDUNG 1971: 188).

Magisches Denken bedeutet bei FRAZER falsches Denken, die Magie der Wilden sei „ein Fehler, in den der Geist fast spontan verfällt" (ders. 1928: 79), „ein unechtes System von Naturgesetzen ... eine trügerische Verhaltensmaßregel ... eine falsche Wissenschaft und zugleich eine unfruchtbare Kunst"[33] (cit. op. 16), basierend auf der Verwechslung von Ideen- und Realzusammenhang und dem Irrglauben, auf die Mechanismen naturgegebener Verläufe wie das Wetter Einfluß nehmen zu können (vgl. LANWERD 1993: 115). Sympathetische Magie wird zurückgeführt auf zwei Möglichkeiten einer fehlangewendeten Assoziation von Vorstellungen, im Falle der homöopathischen Magie auf ein „Mißverständnis des Assoziationsgesetzes der Ähnlichkeit", bei der kontagiösen Magie auf ein „Mißverständnis des Gesetzes der Berührung" (SCHMIDBAUER 1980: 1301f). Magisches Denken kennt im FRAZERschen Sinne „keine Grenze, die der eigenen Macht gesetzt sein könnte" (LANWERD 1993: 116), sondern bleibt gefangen in der Illusion von der „Allmacht der Gedanken", wie sie der Begründer der Psychoanalyse als „Zwangsneurose" und „Überschätzung der seelischen Vorgänge gegen die Realität" beschreibt (FREUD 1948: 106f).

Spätere Ethnologen fanden vermehrt Wertschätzung für den Magiegebrauch der Naturvölker, indem sie ihn „als eine Form psychologisch stimmiger Therapie" (BURKERT 1991: 30) erkannten und damit der behaupteten „Tollheit der magischen Vorschriften" (FREUD 1948: 102) und „Erfolglosigkeit der Magie" (FRAZER 1928: 82) widersprachen. Doch gerade weil FRAZER bei all seiner enzyklopädischen Gelehrsamkeit, seiner prosaischen Ausdrucksstärke und seinem „ungeheuren intellektuellen Schwung"[34] der Kritik der jüngeren Ethnologengeneration eine so breite und einladende Angriffsfläche bot, konnte sich ein Diskurs entfalten, in dem mithilfe des Magiebegriffs nicht nur das okzidentale Selbst- und Mißverständnis von Wissenschaft offengelegt wurde, sondern auch die Verstrickung von Magietheoretikern in ihr eigenes Theorem.

Der Begründer des ethnologischen Strukturalismus Claude LÉVI-STRAUSS vollzog in seinem Aufsatz *Der Zauberer und seine Magie* von 1949 einen Paradigmenwechsel der Anschauungsweise, indem er das Diktum vom defizitären Charakter der Magie gegenüber der Wissenschaft umkehrte und nachwies,

---

33 LANWERD faßt FRAZERS Beurteilung der Magie mit den Begriffen „Pseudowissenschaft" und „Pseudokunst" zusammen (cit. op. 147).

34 Diese Bewertung bezieht sich auf die dritte Fassung von FRAZERS Hauptwerk *Der Goldene Zweig*, die mit ihrem unerwarteten Verkaufserfolg den Verfasser aus seiner klammen finanziellen Situation befreite (ACKERMAN nach WISSMANN 1997: 86).

daß bei einer versuchten wissenschaftlichen Durchdringung der magischen Lebenswelt „stets irgendwelche Lücken der Erklärung“ zurückbleiben (HAUSCHILD 1987: 69f). Auch Bronisław Kaspar MALINOWSKI, der als FRAZERS berühmtester Schüler seinem Lehrer bei völlig entgegengesetzter Methodik über dessen Tod hinaus in Dankbarkeit ergeben blieb und dessen Ruf nach Feldforschung in die Tat umsetzte (vgl. WISSMANN 1997: 89 u. STOLZ 1997: 247ff), rückte das Verhältnis von magischer und wissenschaftlicher Gesinnung in ein anderes Licht: „Es gibt keine Völker ... ohne ... Magie. Aber es gibt auch keine Naturvölker ohne wissenschaftliche Einstellung oder Wissenschaft, obwohl man ihnen diese Fähigkeiten häufig abgesprochen hat“ (MALINOWSKI 1983: 134). Mehr oder weniger explizit wurde so die Gleichsetzung von Rationalität und Rationalismus, von Vernunft und Vernunftglauben als ein Grundproblem der Magiedeutung FRAZERS aufgedeckt. Tatsächlich hing der vom Christentum abgefallene bekennende Rationalist (vgl. WISSMANN 1997: 77) einem unerschütterlichen „Glauben an die vernünftige und einsichtige Ordnung der Natur“ an und „verhielt sich intolerant gegenüber der 'neuen Physik' mit ihrem Relativitätsprinzip und ihrer Unbestimmtheit, weil sie für ihn die Absage an eine rationale Erklärung der Natur bedeutete“ (KARDINER; PREBLE 1974 nach LANWERD 1993: 122). So erscheint es möglich, daß sein Vernunftdogma in seiner rationalistischen Geisteshaltung den allgemeinmenschlichen Vernunfbegriff, unter dem verstanden wird, was „optimal alle beteiligten Interessen berücksichtigt“ (BERGIUS 2004: 782), also dem Menschen gut tut, überformte. Wenn man in der Magie eine – wie bereits geschildert – gerade für Kinder wichtige Funktion darin sieht, „den Optimismus des Menschen zu ritualisieren, seinen Glauben an den Sieg der Hoffnung über die Angst zu stärken“ (MALINOWSKI 1983: 74), dann erscheinen FRAZERS „hermeneutisch naive Zuversicht“, die irrtümlichen Ansichten der Wilden aus der Ferne aufzuklären und sein „Optimismus, die Menschheit werde einst eine bessere, wissenschaftliche Zukunft erleben“ sowie der damit einhergehende „explizit geäußerte Sendungsauftrag der kulturtragenden Zivilisationen“ (WISSMANN 1997: 81 u. 88) als merkwürdige Verquickung von rationalistischem Missionseifer und magischer Einbildungskraft, die der Realität weit vorauseilt. Die dem magischen Denken zugeschriebene „Vermischung von Ideen- und Realzusammenhängen“ findet sich damit auch bei FRAZER selbst, da er keinen

Raum des Zweifels zwischen „subjektiven Interessen“ und „als 'objektiv' ausgewiesenen 'Tatsachen'“ erkennen läßt (LANWERD 1993: 140f). Mit anderen Worten sieht FRAZER keine Lücke zwischen dem Wesen der Wilden, wie er es auf seinem Cambridger Schreibtisch nach allen Regeln der Kunst synthetisiert, und ihrem Sein, dem er mit dem „Verzicht auf die Berücksichtigung des sozialen Zusammenhangs“ (cit. op. 143) auch nicht in der gelehrten Phantasie die notwendige Geltung einräumt. In seinem ernsthaften Bemühen, jedem Leser in verständlichen Worten primitive Gesellschaftsentwicklung aus einer evolutionistischen Gesamtsicht zu erklären, bediente sich der Wissenschaftler, den „alle Zeitgenossen als weltfremd ... schilderten“ (WISSMANN 1997: 79), selbst magischer Praxis, „indem er verband und zusammenfügte, was eigentlich nicht zu verbinden und zusammenzufügen ist“ (LANWERD 1993: 146). Zugleich positionierte er sich als Anwalt des Britischen Empire und verteidigte implizit dessen Rolle in der Erschließung fremder Gefilde (vgl. ACKERMAN nach WISSMANN 1997: 86). „Das Thema ist das eigene Wesen“ (ROSENZWEIG 1923: 41f) – FRAZERS Bestimmung des Magischen entpuppt sich als eine Rechtfertigung der eigenen Lebensart und Attitüde, womit er der Erkenntnis sowohl des Selbst als auch des Anderen unweigerlich Schranken setzt, denn der apologetische Denker

> ist nicht sein Innerstes, sondern ebensosehr auch sein Äußerstes und vor allem das Band, das sein Innerstes an sein Äußerstes bindet, die Straße auf der beide wechselseitig miteinander verkehren. Er aber setzt sein Innerstes ohne weiteres mit seinem Selbst gleich und ahnt nicht, daß sein Innerstes, je mehr es innerst ist, *jedes* Menschen Innerstes ist. So spricht er, obwohl er sich selbst meint, vom Menschen, von allen. Und so bleibt sein Selbst, die Bindung der Elemente der Menschheit zu dem Gebinde, das er selbst ist, ihm ein Geheimnis. (ebd.)

So mußte ihm verborgen bleiben, daß auch der Wilde „den ersten Umständen ... mit Kenntnissen und Arbeit“ begegnet, lediglich „den zweiten mit Magie“ (MALINOWSKI 1983: 15), daß ein Bekenntnis zu westlicher Rationalität nicht über die „überwiegend irrationale zivilisierte Geschichte der Menschheit“ hinwegtäuschen kann und daß gestern wie heute „Gefühle, Emotionen, Leichtgläubigkeit und Wunschdenken in den meisten Lebensbereichen den Ton [angeben]" (HOCHKEPPEL 1985: 832 u. 838).

Magie als eine „der europäischen Wissenschaftsgeschichte entsprungene Kategorie" (LANWERD 1993: 136) gehört dann zu den „die Erkenntnis wie Wandschirme abwehrenden Konstruktionen" (FREUD 1948: 119), wenn ein Wissenschaftler sich von der Ambivalenz menschlicher Motivation befreit fühlt, sich nur „Entfernungswillen", aber keinen „Aneignungstrieb" (WIND 1931: 410) zugestehen möchte. Gerade in FRAZERS Magiekritik findet sich „Wissenschaft vermählt mit Literatur" (KARDINER; PREBLE 1974 nach LANWERD 1993: 145), wird von der besitzergreifenden Option, die der Sprache in ihrem suggestiven, symbolischen oder eben magischen Aspekt zukommt, ungehemmt Gebrauch gemacht. Auch im wissenschaftlichen Raum wird das Sprechen und Schreiben „vom Schatten der Bilder begleitet" und es wäre mehr als „übertriebener Purismus, wollte man jedes bildhafte Sprechen aus den Wissenschaften verbannen" (DIECKMANN 1975: 16). WITTGENSTEINS Versuch, in seinem *Tractatus logico-philosophicus* eine der Wissenschaft angemessene „Idealsprache" zu entwerfen und damit „jede Kausalbeziehung mathematisch schreibbar zu machen", scheitert in der „Naivierung" des Sprachproblems „mit gewußter Notwendigkeit und mit unverhohlener Trauer" (THIESSEN 1981: 94). Wer in der Sprache der Wissenschaft „Askese und Enthaltsamkeit gegenüber Symbolen" fordert (MIETH 2001: 139f), sollte im übrigen nicht vergessen, daß das literarische Vermögen wissenschaftlicher Texte deren Wirkung wesentlich mitbeeinflußt. Allerdings unter durchaus zwiespältigen Vorzeichen, denn die deutsche Sprache hält mit dem Terminus populärwissenschaftlich ein Etikett bereit, das Normverstößen gegen wissenschaftliche Vorgaben formaler, inhaltlicher und stilistischer Art angeheftet werden kann. Das vieldeutige Attribut „populär" weckt hier die Assoziation einer seichten Schlagseite, eines Verzichts auf Ernsthaftigkeit oder einer ganz unspezifischen Inferiorität, aber auch die einer allgemein verständlichen, anschmiegsamen Diktion und nicht zuletzt eines breiteren Verkaufserfolges. Mit frivoler Bereitschaft begegnen populärwissenschaftliche Autoren stellvertretend für ihre unpopulärwissenschaftlichen Zunftkollegen dem „immer dringender" werdenden Problem, „Erkenntnisse umgangssprachlich zu reformulieren" (THIESSEN 1981: 93). Literarizität (oder Poetizität) und Wissenschaftlichkeit sind nun keine Begriffe gleichen

Ranges, Literatur kann in überaus unwissenschaftlichem, Wissenschaft jedoch nicht in einem gänzlich unliterarischen, sondern allenfalls in einem literarisch unauffälligen Gewande auftreten. Wird den Naturwissenschaften, der Mathematik oder auch der Linguistik die Sprache vom Leibe gerissen, entdeckt man darunter nicht die Wirklichkeit, sondern Zahlen, die so wenig naturgegeben sind wie Buchstaben. Auch der Mensch bedeckt mit seiner Garderobe nicht sein Wesen, sondern seine Haut, die ihm deswegen aber alles andere als unwesentlich ist. In der Teilhabe an den Eigentümlichkeiten menschlicher Sprache liegt der magische Vorbehalt im Grunde jeder Wissenschaft begründet. In diesem Zusammenhang sei erwähnt, mit welcher Zielsetzung die *Deutsche Akademie für Sprache und Dichtung* seit 1964 alljährlich den mit immerhin 12.500 € dotierten *Sigmund-Freud-Preis für wissenschaftliche Prosa* vergibt. So wird dieser laut Selbstpräsentation

> 'zur Förderung einer Gattung (gelehrte Prosa) verliehen, die der Akademie im Vergleich zu anderen europäischen Literaturen,[35] bei den Schaffenden wie bei den Aufnehmenden, nicht gebührend geschätzt und daher auch nicht genügend entwickelt erscheint.' Entsprechend dieser Absicht trägt der Preis den Namen Sigmund Freud. (‹www.deutscheakademie.de/preise_freud.html› Stand: 20-08-09)

Die Stiftung bedachte 2002 mit dieser Ehre einen studentischen Mitbegründer der Freien Universität Berlin, Klaus Heinrich,

> den Religionsphilosophen und Kulturanalytiker, der mit seinen eindringlichen, dem reflexiven Potential der Sprache vertrauenden Untersuchungen über das von und in Philosophie, Kultur und Gesellschaft Verdrängte das Projekt der Aufklärung so unerschrocken vorangetrieben hat, daß es nicht mehr davor zurückzuscheuen braucht, die Aufklärung über sich selbst aufzuklären. (ebd.)

35 Bezeichnenderweise kennt das Englische neben der wörtlichen Entsprechung *popular science* für Populärwissenschaft auch den Ausdruck *literature of science* (‹http://www.babylon.com/definition/popular_science/English›; ‹http://en.wikipedia.org/wiki/Popular_science› Stand: 21-08-09).

Aus einem Reichtum an Literarizität folgt noch kein Mangel an Wissenschaftlichkeit wie umgekehrt ein literarisch bewußt uninspirierter oder unambitionierter Text noch keinen Bonus auf seine wissenschaftliche Güte gewinnt. Die Aufklärung über sich selbst aufzuklären verlangt eine Wendung der Sprache gegen sich selbst oder in den Worten des „liebenswürdigen schwäbischen Mystiker[s]" (BIHLMEYER im Vorwort zu SEUSE 1961) Heinrich SEUSE, „daz man bild mit bilden us tribe" (cit. op. 191), daß Bilder mit Bildern auszutreiben sind. Muß auch das enge Band zwischen Magie und Vertrauen[36] in der Wissenschaft durch den Zug der Kritik gelockert werden, so kann jedoch ein übertriebenes Mißtrauen gegenüber diesem „reflexiven Potential der Sprache" nur in eine „Paradoxie zwischen radikalem Rationalismus einerseits und dem Schweigen andererseits" (MIETH 2001: 139) münden. Vorstellungen von Magie sind nicht zuletzt deshalb auch im wissenschaftlichen Diskurs so vom Nimbus der Faszination umnebelt, weil der Forschergeist ahnt, daß er mit literarischen Mitteln am ehesten vermag, den Reiz einer als ganz anders empfundenen Denk- und Lebensart geistig erfahrbar zu machen und zu vergegenwärtigen. Dieser Sog des Interesses gilt für die sprachliche Relativierung tatsächlicher Fremdheit jedoch genauso, was ein Stück weit erklärt, „daß der Verzicht auf den Begriff der Magie gerade dort, wo man ihn einklagt, nicht durchgehalten wird und unterschwellig Bedeutungen dessen, was denn unter Magie zu verstehen sei, transportiert werden" (LANWERD 1993: 136). Eine Erklärung jener Faszination, wie sie die theoretischen Erörterungen der Kategorie Magie seit jeher begleitet, scheint auf die Vokabel Magie selbst angewiesen zu sein (vgl. ebd.). Je weiter der Begriff Magie entwickelt wird, desto größer wäre der Verlust bei seiner Beseitigung. Unterstellt man Sprache grundsätzlich den Gehalt magischer Ordnungsstiftung – der schiere Akt der Benennung sondert Dinge aus und faßt sie zusammen – könnte man annehmen, daß die Entfernung der Magie aus dem Sprachschatz den Sprachschatz als Weg zur Vermessung der Wirklichkeit selbst abschaffte (vgl. BURKE 1957: 5).

36 „Die Magie drückt aus, daß Vertrauen für den Menschen einen größeren Wert hat als Zweifel" (MALINOWSKI 1983: 74).

Andererseits ist der Terminus magisch auch nur einer unter vielen, die oft das gleiche Feld beackern.[37] Doch „Worte, deren Sinn schwer zu erklären ist, sind oft am wirkungsvollsten" (LE BON 1938: 84) und gerade die Wissenschaftssprache legt beredtes Zeugnis über diese Regel ab. Die den Wörtern Magie und magisch inhärente Unschärfe, die in einer wechselseitigen Verbindung mit ihrem in der Tat oft inflationären und undurchdachten Gebrauch steht, ermöglicht dem Betrachter typologische Vergleiche zu ziehen, die nicht mehr zu unterschlagen sind, wenn erst die Begrifflichkeit der umstrittenen Ausdrücke ein wenig zurechtgerückt und aufpoliert wurde. Der „Handlungs- und Funktionskomplex" (DIECKMANN 1975: 47), in dem Magie als „spezifische inhaltliche Manipulation der Realität im Bewußtsein und entsprechende instrumentelle Manipulation der äußeren Wirklichkeit einschließlich der Gesellschaftsmitglieder" eine immense Bedeutung erlangt und mitunter „zur sozialdominanten Figur aufsteigt" (VONDUNG 1971: 7), ist der offene Bereich der Politik. Es sei gestattet, mit einem Augenzwinkern einen Ausspruch des romantischen Prototypen[38] NOVALIS auf diese Sphäre zu beziehen: „Gemeinschaftlicher Wahnsinn hört auf Wahnsinn zu seyn und wird Magie. Wahnsinn nach Regeln und mit vollem Bewußtseyn" (ders. 1981: 547). Neben den zahlreichen Disziplinen, die die Frage nach den sprachlichen Grundlagen politischen Handelns in ihre Untersuchungen miteinbeziehen, sieht sich auch die Linguistik mit der Schwierigkeit konfrontiert, „welche Probleme im Verhältnis von Sprache und Politik überhaupt sprachwissenschaftlich zu nennen sind" (DIECKMANN 1975: 8). Anders als die in dieser Magisterarbeit zitierten Literaturwissen-

37 Zur Ersatzbezeichnung von magischem Denken sind mehr oder weniger kongruente Attribute schnell zur Hand: animistisch, allegorisch, eidetisch, physiognomisch, rhetorisch, wild, heidnisch, ominös, okkult, gnostisch, romantisch, obskur, ominös, hermetisch, rituell, virtuell, metonymisch, metaphorisch, mystisch, mythisch, symbolisch usw. Bei den drei letztgenannten sind die Übereinstimmungen in besonderem Maße auch theoretisch herausgearbeitet (z. B. in den entsprechenden Handbuchartikeln aus dem *HrwG:* CANČIK 1998; ASSMANN 1998; MIETH 2001).

38 Da Freiherr Georg Philipp Friedrich VON HARDENBERG bereits mit 29 Jahren verstarb, blieb es ihm versagt, der Nachwelt mehr als sein frühromantisches Jugendwerk zu hinterlassen, was ihn in der Rezeption zum „Romantiker par excellence" werden ließ (ROBERG 2004: 589).

schaftler LEHNERT, MENNINGHAUS und VONDUNG, die offenbar nicht die Scheu besaßen, sich bereits in der Titelgebung ihrer hier verwendeten Monographien die Elastizität des Magiebegriffs zunutze zu machen, findet sich in einer Abhandlung über die Pragmatik und Semantik der politischen Sprache (DIECKMANN 1975) kein expliziter Verweis auf eine Theorie der Sprachmagie, obwohl diese Untersuchung implizit eine solche aufstellt oder zumindest mitgestaltet, wie die folgenden Einblicke vielleicht bestätigen können.

Denken ist tendentiell „sprachgetrübt", weil die Sprache „auch da, wo sie darstellt, die Wirklichkeit nicht objektiv beschreibt, sondern interpretiert" (cit. op. 15). Der Mensch lernt „nicht nur die begrifflichen Bedeutungen eines Wortes, sondern zugleich, wie das Bezeichnete zu beurteilen ist" (cit. op. 31). Sprachkritische Beobachtungen haben sich inzwischen von der „essentialistischen Leerformel", daß es das „Wesen der Sprache ausmache, Ideen mitzuteilen" emanzipiert und zu der Erkenntnis geführt, daß „Sprache nicht nur und nicht einmal in erster Linie deskriptive Funktionen hat, sondern häufig emotiv (präskriptiv, handlungsanweisend) verwendet wird" (cit. op. 17). Unter anderem lassen „die psychologischen Beiträge zur Kindersprache" und „die anthropologischen Studien zum Sprachverhalten in primitiven Gesellschaften" die „Plurifunktionalität der Sprache erkennen."[39] Wörter, die „bezeichnen sollen, werten zugleich und geben mit ihrer Werttönung Hinweise, wie der Sprecher sich dem Bezeichneten gegenüber verhält oder der Hörer sich verhalten soll;" Sätze, „die scheinbar aus deskriptiven Aussagen bestehen, offenbaren sich bei näherem Zusehen als verdeckte Imperative oder Adhortative." Die „noch immer verbreitete" „einseitige Funktionsbestimmung", die den ursprünglichen und hauptsächlichen Zweck der Sprache darin sieht, Sachverhalte neutral zu vermitteln oder „über Umweltdaten zu informieren" hat rückwirkend dazu geführt, andere Gebrauchsweisen zu ignorieren oder „als Sprachmißbrauch ausdrücklich zu verurteilen." „Der schlechte Ruf der griechischen Sophisten"[40] zeugt von der langen Tradition des Mißtrauens gegen-

39 So werden also nicht nur von psychologischer, sondern auch von sprachwissenschaftlicher Seite aus spezifische parallele Erscheinungen zwischen Wilden und Kindern angenommen.

40 So warf schon PLATON den Sophisten vor, „ihre Kunst bestünde darin, den Verstand mit Argumenten zu bezaubern" (nach ARENDT 1955: 12).

über dem „Sprachgebrauch mit deutlicher Wirkungsabsicht." Doch haben Sprachanalysen ergeben, daß „emotive Elemente sich sogar in den Kommunikationsbereichen geltend machen, die mit Grund als Domäne informativen Sprechens angesehen werden: in Philosophie und Wissenschaft." (cit. op. 26f) Während dort die „ars persuanda" als „Störfall" wahrgenommen wird, kann sie „im alltäglichen Sprechen eine legitime Möglichkeit sein" und in der Sprache der Politik als „Mittel der Verhaltenssteuerung und der sozialen Integration" eine zentrale Aufgabe übernehmen (cit. op. 17 u. 26f). Die „bekannte These" der „sprachlichen Relativitätstheorie", daß „die Sprache die Art der Wirklichkeitserfahrung ihrer Sprecher beeinflußt", stellt sich innerhalb der Linguistik gegen die Tendenz, „sich auf die Teilbeziehung Wortkörper-Wortinhalt zu beschränken, wodurch die außersprachliche Wirklichkeit außer Betracht bleibt" (cit. op. 31 u. 12). Die noch recht junge Konnotationsforschung hat den Nachweis erbracht, daß „die inhaltliche Seite des Wortes" mit der „Semantik der Begriffsbedeutung" nicht „voll erfaßt" ist, sondern auch „Konnotationen, Assoziationen" oder „Nebensinn, Gefühlswert und Stimmungsgehalt" umschließt. Für diese „nichtkognitiven Faktoren in der semantischen Beziehung", die „je nach der Situation maßgebender als der begriffliche Inhalt" sein können, hat sich als Kollektivbezeichnung der Begriff der „emotiven Bedeutung" durchgesetzt. Es ist „allgemein anerkannt", daß „emotive Bestandteile sich – mit sehr großen graduellen Unterschieden – an jedem Wort und in jedem Kommunikationsereignis nachweisen lassen und daß sie gerade in der Politik von unabsehbarer Bedeutung sind" (cit. op. 75f). Zugespitzt läßt sich Politik als „staatliches oder auf den Staat bezogenes Reden"[41] verstehen, für das „in besonderem Maße" gilt, „daß auch schon das bloße Mitteilen ein Bewirken ist", was der „rhetorischen Kultur dieser Seite unseres Sprachverhaltens substantiellen Charakter" verleiht (Lübbe 1967: 355). Weil „die Aufgabe der

41 Neben der möglicherweise etwas zu engen Prämisse, Politik an Staatlichkeit zu binden, setzt diese Definition voraus, „daß Handeln nur solange politisches Handeln ist, als es sprachliches Handeln ist. Wo Politik sprachlos wird, hört Politik auf. Der Kriegszustand als Forsetzung der Politik mit nicht-sprachlichen Mitteln steht dann außerhalb des Politischen" (cit. op. 29) und fiele nach diesem affirmativen Politikverständnis folgerichtig unter die, wie schon bemerkt, selten vorgebrachte Kategorie der Pseudopolitik analog zu Pseudowissenschaft oder Pseudoreligion.

Politik nicht die Wahrheitsfindung ist“ (DIECKMANN 1975: 99), hat dort sogar die „Information im reinen Aussagesatz“ als „diametrale[r] Gegensatz“ zum „Befehl, der nach ausreichender Vorbereitung der Überzeugungskraft nicht mehr bedarf,“ eine „verhaltensmodifizierende Wirkung“, indem sie den Zweck erfüllt, „Handlungsbereitschaften anzulegen und Entscheidungen vorzubereiten“ (cit. op. 34f). Damit bildet die „Auslösung verzögerter Handlungen“ als „die Hauptfunktion der Sprache“ (SEGERSTEDT 1947: 68) im politischen Raum ein allgegenwärtiges Merkmal, auf das sich besonders die propagandistische Technik als „geschicktes Ausnutzen von Prädispositionen“ (DIECKMANN 1975: 120) stützt. Unterteilt man die „Formen der gesellschaftlichen Kontrolle“ in zwei Bereiche, in Erziehung, deren Gegenstand das ist, „was in einer Gesellschaft fraglos anerkannt ist“ und in Suggestion, die sich „auf Umstrittenes bezieht“, dann ist Propaganda funktional bestimmbar[42] als „eine(r) Art der Suggestion“, „eine besondere(n) Art des Einprägens“, die „gerichtet an die Öffentlichkeit“ auf „Meinungsänderung“ abzielt (cit. op. 35ff), wobei der Propagandist „vorzugsweise“ diejenigen „erreicht ..., die sowieso schon seiner Meinung sind“ und lediglich ihre Ansichten „verstärkt“, jedoch die „verfehlt ..., die er erreichen will.“ Um nicht mit der „Figur des allmächtigen Verführers und Sprachmanipulators“ vor Augen von vornherein einer „panlinguistische[n] Überschätzung der Macht der Sprache über das Denken“ das Wort zu reden, müssen grundsätzlich die „Aspekte des Sprechens, Denkens und Verhaltens ... methodisch auseinandergehalten werden.“ Das erweist sich jedoch als außerordentlich heikle Aufgabe, da „durchaus noch nicht entschieden“ ist, ob

42 Propaganda dient „im alltäglichen Sprachgebrauch“ vornehmlich als „Schimpfwort für den Gegner“, während „für die eigene Position ... Begriffe wie *Information, politische Bildung, Erziehung* und *Aufklärung* gebräuchlich“ sind. Der Interpret nennt eine Aussage Propaganda, „wenn er mit ihren Inhalten nicht übereinstimmt.“ Um den Begriff „für sprachwissenschaftliche Zwecke verwendbar“ zu machen, kann er nur „von der Funktion her definiert“ werden und nicht von der „Bewertung des Inhalts der propagandistischen Äußerung“ (cit. op. 36). Wie in der Religions- und jeder anderen Lebenswissenschaft müssen also auch in der Linguistik mit der außerwissenschaftlichen Wirklichkeit befleckte Termini vor dem Gebrauch dekontaminiert werden, will man nicht den Weg des geringsten Widerstandes einschlagen und einfach nur deren – oft unrealistische – Streichung aus dem Vokabular fordern.

„überhaupt Methoden entwickelt werden können, mit denen sich die sprachlichen Wirkungen schrittweise isolieren lassen", denn von „welcher Seite man das Problem der Sprachwirkung auch angeht, man gerät immer in ein Geflecht gegenseitiger Abhängigkeiten zahlreicher Faktoren" (cit. op. 114ff). Wenn „Symbole manipuliert" sein sollen, unterstellt man damit eine „Absichtlichkeit des Vorgehens" (cit. op. 37). Die Frage nach Ursache und Wirkung in der Politik führt so immer wieder zurück zur Grundfrage nach der menschlichen Autonomie gegenüber der menschlichen Sprache.[43]

Mit diesen Ausführungen zum suggestiven, „einprägenden" Potential von Sprache im politischen Kontext ist der Sack der Begriffsaspekte magischen Denkens mitnichten zugemacht, sondern höchstens zur Hälfte gefüllt. Suggestion und Propaganda sind bis zu einem gewissen Grade notwendige Bestandteile jeder politischen Kultur, die Veränderungen nicht mithilfe sprachloser Gewalt, sondern durch die Macht der Sprache bewirken will, und deshalb noch keine sicheren Anzeichen vom „allgemeinen Verlust an gesundem Menschenverstand", der nach Hannah ARENDT „charakteristisch ist für die Moderne" (dies. 1955: 13). Magisches Denken läßt sich insgesamt weder der Vernunft noch der Unvernunft unterordnen, denn es geht dieser Trennung voraus, die ethisch zwar notwendig, aber psychologisch nicht scharf ist: „Irrationalität der Urteilsbildung kann ... zum rationalen Verhalten gehören, wenn die Person durch Fehlurteile Konflikte vermeidet" (BERGIUS 2004: 782). Deckungsgleichheit zwischen Irrationalität und Illegitimität einerseits und Rationalität und Legitimität andererseits besteht ebenfalls nur bedingt: „Die Freiheit zur Lüge zu nutzen, ist nicht irrational. (...) Es gibt viele rationale Motive und Interessen, die den Sprecher dazu verleiten können, die Unwahrheit zu sagen." (VON MALTZAHN 2006: 170). Dem „Untergang der Welt durch schwarze Magie"[44] öffnet sich erst dann eine Passage in die Moderne, wenn das hoch-

43 Folgt man einer Hypothese aus der Kinderpsychologie, die besagt „daß das bewußte Wahrnehmen kausaler Denkstrukturen die Beherrschung der Sprache nicht voraussetzt", läßt sich Kausalität als „Interpretationsmodell", das sich als „Denk- und Kategorisierungsstruktur ... aus dem Bewußtsein eigener Intentionaliät" entwickelt, nicht mehr a priori unter den Vorbehalt der Sprachverwicklung stellen (BENDLIN 1993: 348).

44 In dem 1912 unter diesem Namen erschienenen Aufsatz des Essayisten, Aphoristikers, Lyrikers, Dramatikers, Polemikers, Satirikers (so tituliert von KROLOP 1990: 21) Karl

wirksame Gift der Rationalisierung jede Unterscheidbarkeit von Rationalität und Irrationalität, von Bewußtsein und Trieb,[45] von Wirklichkeit und Wahrheit, von Wesen und Sein so verunmöglicht hat wie im antisemitischen Denken.

KRAUS, dessen Beziehung zu seinem von ihm aufgegebenen Judentum „durch Negation und Widerspruch gekennzeichnet“ (BRAND 2000: 343) war, finden sich Sätze, die über den lokalen Bezug zur Wiener Presse hinaus einen eindringlichen Nachhall erzeugen: „Wenn der alte journalistische Typus in den Krieg zog, so log er. Aber er begnügte sich damit, unwahre Tatsachen mitzuteilen. Der neue ist dazu unfähig und stiehlt Stimmungen“ (KRAUS 1989: 427). „Die Überlegenheit rettet sich, je nachdem, in die Maschine oder in die Psychologie, immer in die Druckerschwärze, die schon für sich eine Weltanschauung ist“ (cit. op. 450f). „Denn man weiß, daß Schreiben nicht mehr das ist, was einer verantwortet, sondern die ultima ratio der Unverantwortlichkeit“ (cit. op. 453).

45 Aus dem „Bruch zwischen Trieb und Bewußtsein“ wurde der Vernunftbegriff selbst „hervorgetrieben“ (ANSELM 1985: 16).

Exkurs Sprachmagie 1: Euphemismus-Tretmühle

> Erheiternd ... ist die naive Unterstellung, daß jedermann genau so sein müsse wie man selbst.
>
> Hannah ARENDT (1955: 42)

Daß im uneigentlichen Sprechen die Möglichkeit liegt, „das Unfromme fromm“ (CANČIK-LINDEMAIER 1990: 368) zu machen, ist Kenntnisstand der Sprachreflexion seit Beginn ihrer Überlieferung.[46] Und der umgekehrte Befund, daß die „auf abergläubischer Furcht beruhenden Wortverbote“ (ZÖLLNER 1997: 51) sich wieder einmal „besonders deutlich in sogenannten primitiven Gesellschaften“ zeigen sollen, deren „Sprachtabus durch religiös-magische Vorstellungen motiviert“ seien (MAYER 2002: 198), darf hier einmal getrost im ethnologischen Fundbüro für diskussionswürdige Zuschreibungen abgegeben werden. Daß Sprachregelungen wie im Hamsterrad oder auf dem Laufband einer zyklischen Sogwirkung unterliegen können, entspricht allgemeinsprachlicher Erfahrung und die Erklärung, die PINKER[47] für den von ihm geprägten Terminus Euphemismus-Tretmühle liefert, liest sich entsprechend widerstandslos: „Man erfindet neue Wörter für emotional besetzte Referenten, doch schon bald färbt sich der Euphemismus mit Assoziationen ein, und ein neues Wort muss her, das kurz darauf seine eigenen Konnotationen annimmt und so fort“ (ders. 2003: 299). Tiefer ins Gestrüpp führt allerdings die Motivation des „nativistischen“ (SAMPSON 2005: 13) Linguisten PINKER, dem es darum geht, „die Idee der menschlichen Natur gesellschaftsfähig zu machen“ und „etwas über ihre Beschaffenheit und ihre Bedeutung für unser öffentliches und privates Leben zu sagen“ (ders. 2003: 277). Demnach könnte ein an „subsistente Normen“ (GLOY 1995: 89) gebundener euphemistischer Sprachgebrauch nicht

46 Gr. εὐφημέω (intransitiv) „andächtig schweigen“, eigentlich „Worte von guter Vorbedeutung sprechen“; „als gute Vorbedeutung ertönen“ (GEMOLL 1965: 347).

47 Der in Harvard lehrende Evolutionspsychologe, Sprach- und Kognitionswissenschaftler Steven PINKER, ein jüngerer Kommilitone Noam CHOMSKYS, erntet auch bei seinen Kritikern für seinen anschaulichen, Laien wie Kenner fesselnden Schreibstil große Bewunderung (vgl. DAWKINS 2008: xiv u. 103; SAMPSON 2005: 13ff).

nur Einblicke in die sozialen, intersubjektiven Verhältnisse (vgl. ZÖLLNER 1997: 51), sondern auch ins menschliche Wesen selbst gewähren. Der im engeren Sinne magische Mechanismus des Euphemismus, in dem das „Gute, Erwünschte, Erlaubte 'herbeigeredet'" (CANČIK-LINDEMAIER 1990: 370) wird, läßt sich an einem Beispiel aus antiker Sprachwelt leicht veranschaulichen.

Das Schwarze Meer bekam seinen bis heute bildlich unveränderten Namen wohl ursprünglich von den Iraniern, die es als *achshaenas,* „dunkel" bezeichneten. Volksetymologischer Instinkt zauberte daraus auf dem Wege der Angleichung ans Griechische das Epitheton ἄξε(ι)νος „ungastlich", das wiederum später von Seeleuten euphemistisch zu εὔξε(ι)νος, also geradewegs zum Gegenattribut „gastlich" umgemünzt wurde (vgl. OLSHAUSEN 2001: 143; GEMOLL 1965: 86 u. 342). Die Wesensbestimmung des Πόντος Εὔξεινος als unfreundlich und dann freundlich gründet also zunächst auf einer bedeutungsstiftenden Verballhornung eines fremdsprachlichen, für die Griechen nicht durchsichtigen Farbattributs.[48] Der Akt der Euphemisierung läßt hier mehrere Schlußfolgerungen zu. Zum einen zogen griechische Matrosen und Fischer der rauhen See wohl eine ruhige vor. Diese Präferenz erscheint zwar naheliegend, gilt aber nicht universell, denn in den Ohren von Wellenreitern und Windsurfern kann εὔξεινος nur als Dysphemismus klingen, während ἄξεινος die ersehnte Brandung verheißt. Die zweite Unterstellung geht auf der Basis des klassisch-wissenschaftlichen Magiekonzepts davon aus, daß sich der Mensch durch sprachliche Umbenennung eine faktische Veränderung erhofft, also das Meer Macht seiner Worte bändigt oder mit einer gutgläubigen Bezeichnung einfach nur dessen Gefährlichkeit verdrängt (vgl. CANČIK-LINDEMAIER 1990: 370).[49] Und schließlich mag sich die Vermutung einstellen, daß jemand, der mittels Sprache gleichgültige Salzfluten zu besänftigen sucht, einer „ani-

48 Auch die – natürlich nur in fahrlässiger Betrachtung – unmetaphorische Entsprechung πόντος μέλας „Schwarzes Meer" war den Griechen geläufig (OLSHAUSEN 2001: 143).

49 In der Tat ist es ungerechtfertigt, euphemistische Redeweisen in ihrer rhetorischen Funktion von vornherein als Ver- oder Entstellungen der Realität zu brandmarken, dienen sie doch nicht selten vor allem der Schonung: „Wahrheiten sind eben oft von der Art, daß man nur, wenn sie einem schonend beigebracht wurden, noch in der Lage ist, die ihnen angemessene Haltung bewahren oder gewinnen zu können" (LÜBBE 1967: 355).

mistischen Denkweise" (FREUD 1948: 106) aufsitzt, ohne trennenden Sinn für Beseeltes und Unbeseeltes. Doch die flexible Formel aus Beschwörung und Benennung ist irgendwann zum Eigennamen erstarrt und nicht ins Getriebe einer Euphemismus-Tretmühle geraten, die eingefahrenen Sprachgebrauch eben nicht konserviert, sondern zerstampft. Um diesen dynamischen Prozeß weiter in Gang zu halten, müßte das Schwarze Meer sich selbst zu Wort melden, doch Sprachlosigkeit, „das große Leid der Natur" (BENJAMIN 1977: 155) hindert es daran, über den traurigen Umstand zu klagen, falsch bezeichnet oder überhaupt bezeichnet zu werden. Ein den Grundsätzen politischer Korrektheit verpflichteter Mensch hingegen kann von der allgemeinen schmerzlichen Erfahrung, daß „falsch Gesehenwerden ... nicht weniger weh [tut] als falsch Behandeltwerden" (ROSENZWEIG 1923: 35) zu der ihm eigentümlichen Auffassung gelangen, daß eine falsche Sicht auf einer falschen Bezeichnung fußt und daß sich hinter einer unkorrekten Bezeichnung auch eine unkorrekte Absicht verbergen muß.

Da im Deutschen für das englische „ageism"[50] kein entsprechender -ismus, sondern nur das Determinativkompositum Altersdiskriminierung zur Verfügung steht, lastet auf der Wortwahl zwischen Altenheim und Seniorenresidenz auch kein übermäßiger weltanschaulicher Druck. Dieses nicht sonderlich umkämpfte Beispiel mag zeigen, daß sich Höflichkeit und Euphemisierung in dem Punkte der „indirectness" (CAMERON 1995: 145) treffen, ohne dadurch identisch zu sein. Gerade seitens der PC-Kritiker wird die Befürchtung geäußert, daß dieser „neue Verhaltenscode" statt einer neuen „Zivilität" lediglich eine neue Form der „Etikette" befördere (WEINRICH 1994 nach MAYER 2002: 201), daß nicht eine Situation verbessert, sondern nur die Sprache „gesäubert" werde, „oft bis zu ihrer Zerstörung" (BONDER 1995: 22). Es gehört aller-

50 Das *Smith College Office of Student Affairs* führte 1990 in einem „berühmt-berüchtigten Pamphlet" mehrere „Formen kommunikativen Fehlverhaltens" (FREESE 1999: 15f) auf: Ethnozentrismus, Rassismus, (Hetero-)Sexismus, Klassismus („Unterdrückung der Arbeiterklasse"), *ableism* (Elitismus, „Unterdrückung der Andersbefähigten durch die zeitweilig Befähigten"), *lookism* („Konstruktion eines Schönheitsstandars") und *ageism* („Unterdrückung der Jungen und Alten durch jene mittleren Alters") (vgl. ZIMMER 1996: 2). Äquivalente sind im Deutschen nur teilweise vorhanden bzw. lexikalisiert.

dings zum produktiven Alltag des Sprachwandels, daß die konnotative Bedeutung eines Wortes die denotative völlig übertüncht, ohne dabei das ganze System der *langue* auf den Kopf zu stellen. Solange es ihr erlaubt ist, schafft sich Sprache Ersatz: „Wenn uns fehlende Übereinstimmung zwischen unserer Sprache und unserem Denken frustriert, geben wir nicht entmutigt und stumm auf, sondern ändern die Sprache“ (Pinker 2003: 596). Hat sich bei der einstmals unmarkierten Bezeichnung Weib ein pejorativer Nebensinn eingeschlichen und irgendwann durchgesetzt, wurde eben das Weib zur Frau und die Frau später zur Dame. Die Möglichkeit eines differenzierten Ausdrucks wurde damit nicht aufgegeben, sondern nur verschoben. Werden jedoch „Bezeichnungssubstitutionen“ (Mayer 2002: 204) bei einem unzureichenden Ausweichangebot forciert, können aus sprachlichen Mißverständnissen sprachliche Aporien erwachsen, und die grundsätzlich legitime Intention von Sprachkritik, „den Dialog über einen bestimmten Sprachgebrauch zu ermöglichen, ihn in Frage zu stellen und Alternativen anzubieten“ (Wierlemann 2002: 206) verkehrt sich ins Gegenteil: Offene Diskussionen werden be- oder verhindert, bevor es überhaupt vom Wort zur Sache geht und im Extremfall setzt die „Illiberalität im Namen der Liberalität“ (Zimmer 1993: 10f) Kommunikationsmaßstäbe.

In den meisten Fällen ist die „ideologische Bezeichnungskonkurrenz“, der „Streit über die Neologismen und Euphemismen, die der Political Correctness zugeschrieben werden“ (Mayer 2002: 205), hochgradig von einzelsprachlichen Bedingungen abhängig. Wie so viele Namen ist auch das Ethnonym Indianer einem Irrtum geschuldet, in diesem Falle dem wohlbekannten des „eurozentrischen Eindringlings“ Christopher Columbus, der sich nach seiner transatlantischen Überfahrt in Indien wähnte. Der „offizielle Ersatzbegriff“ im Englischen, *Native Americans,* enthält in seinem zweiten Bestandteil[51] wiederum die Fehlannahme Martin Waldseemüllers, Amerigo Vespucci hätte vor Columbus die Neue Welt betreten. Viele der „Betroffenen“ beharren darauf,

51 Hinsichtlich des fortschrittlichen amerikanischen Territorialprinzips, das dem preußischen *ius sanguinis* entgegensteht, basiert auch der erste Bestandteil auf einer diskriminierenden Inkorrektheit, denn als *native,* eingeboren, müßte jeder in Amerika Entbundene gelten dürfen.

sich weiterhin *Indians* zu nennen, geraten aber ausgerechnet mit der traditionellen Bezeichnung ins Dilemma der Synonymie, da die Einwanderungsbehörde mit *Indians* die immigrierten Inder erfaßt. (Freese 1999: 17f)

In Deutschland begann der sprachplanerische Diskurs in Bezug auf ethnische Minderheiten vor dem Negativhintergrund des Nationalsozialismus (vgl. Wierlemann 2002: 114) und weniger im Kontext einer allgemeineren Multikulturalismus- und Postkolonialismusdebatte wie in den Vereinigten Staaten, wobei unabhängig von den spezifischen „mentalitätsgeschichtliche(n) Zusammenhänge(n)" (Freese 1999: 12) die Globalisierungsdynamik Nachahmungseffekte verstärkt. Die Verfemung des undurchsichtigen wie altehrwürdigen Wortes Zigeuner hat im Lande des *Porrajmos* ins öffentliche Vokabular nicht nur eine Lücke gerissen, die bisher keinen angemessenen Ersatz ansaugen konnte, sondern die gemeinte „Bevölkerungsgruppe praktisch der Nennbarkeit entzogen" (Zimmer 1996: 5), ohne dabei Vorstellungen über diese zu aktualisieren. Denn was die Eigenbezeichnungen Sinti und Roma zusammenhält ist hinter dem inhaltsleeren „und" nichts anderes als der Begriff Zigeuner mit all seinen richtigen wie falschen Implikationen. Die Ansicht, daß „[a]n den Verhältnissen selbst ... der Austausch von Wörtern nie etwas [ändert]" (cit. op. 3) ist zwar unzutreffend, da zwischen Sprache und Handeln ein wechselseitiges Wirkungsfeld und keine „Entweder-Oder-Entscheidung" liegt (Mayer 2002: 202). Doch die gutgemeinte und nachvollziehbare Absicht, durch sprachliche Sensibilisierung und Rücksichtnahme die Besserstellung einer Minderheit vorzubereiten, hat hier wohl nicht einmal „dem Reden einen etwas freundlicheren Anstrich gegeben", sondern nur kontraproduktive „Unsicherheit erzeugt"[52] (Zimmer 1996: 4) und berechtigte politische Anliegen der

52 Man ist entweder Sinto oder Rom, ein einzelner kann weder Sinti noch Roma und schon gar nicht beides gleichzeitig sein. Unberücksichtigt bleiben dann aber immer noch die Feminina Sintiza und Romni (vgl. Zimmer 1996: 5) und komplett „aus der Weltgeschichte ausgegrenzt" andere „Zigeuner-Gemeinschaften", wie die *Sinti Allianz Deutschland e. V.,* die den „historisch gewachsenen neutralen Sammelbegriff Zigeuner" nicht aufgeben möchte, auf ihrer Homepage anmerkt (‹http://www.sintiallianz-deutschland.de/index2.html› Stand: 14-09-09). Zusätzlich ist dort im Plural die Rede von „deutschen Romm – die aus politischen Gründen auch als Roma bezeichnet werden" (ebd.).

trostlosen Ohnmacht einer entbilderten Metaebene überantwortet. Die Zertrümmerung des durch verächtlichen Gebrauch ja nicht weniger in Mitleidenschaft gezogenen Wortes Jude in Aschkenasen und Sepharden wurde in Deutschland und anderswo zu keiner Zeit als Mittel gegen Antisemitismus vorgeschlagen.[53] Engagements in Sprachlenkungsprozessen sind oft hoffnungs-, aber deswegen nicht folgenlos. Nicht selten dienen sie Satirikern als Quelle der Inspiration[54] oder hinterlassen schon von sich aus einen eher komischen als nachdenklich stimmenden Eindruck.[55]

---

53 Anders als z. B. „US-Bürger schwarzer Hautfarbe“ (FREESE 1999: 17), deren Bezeichnung von *Negroes, Colored, Blacks* über *Afro-Americans* bis zum aktuellen *African Americans* wechselte, reklamieren Juden in den Vereinigten Staaten keinen „korrekteren“ Namen für sich. Sie scheinen im Gegenteil von einer „Koalition ... ausgewählter Bevölkerungsgruppen“ (ZIMMER 1996: 1) gegen Diskrimierung selbst dem Establishment des *„weißen heterosexuellen Mannes“* (ebd.) zugerechnet zu werden. Es finden sich jedoch tatsächlich Sprachen wie das Rumänische, in denen ein neutrales *evreu* (vgl. dt. *Hebräer*) mit dem umgangssprachlichen und „oft verächtl.[ichen]“ *jidan* sowie dem altertümlichen, kirchensprachlichen *jidov,* das noch gebräuchlich ist in der Rede vom *jidovul rătăcitor* („umherirrend, -wandernd, -ziehend“), dem Ewigen Juden, konkurriert (TIKTIN 1988: 128 u. 507f: ders. 1989: 288).

54 So kolportiert das Magazin *Titanic* mit dem charakteristischen Humor der *Neuen Frankfurter Schule* in seinem Online-Newsticker: „[08.09.2009] Telekolleg Political Correctness: Ab sofort sind rumänische Zigeuner als das 'nicht zur Arbeit fahrende Volk“ zu bezeichnen. *Für die BuReg: Miniprä Rüt“* (‹https://www.titanic-magazin.de/newsticker.html?&tx_ttnews[pointer]=1&cHash=d88a6a2ba7› Stand: 14-09-09). Den Hintergrund für diesen Klamauk bildet eine Wahlkampfäußerung des Ministerpräsidenten von Nordrhein-Westfalen, Jürgen RÜTTGERS (CDU), der den rumänischen Beschäftigten der Firma Nokia eine mangelnde Arbeitsmoral unterstellte, jedoch angesichts der öffentlichen Empörung seine Aussage als Fehler bedauerte (vgl. ddp-Meldung in der *Berliner Zeitung* vom 14. September 2009, S. 6).

55 Von einer ins skurrile Extrem gesteigerten etymologisierenden Sichtweise zeugen die Beispiele Bina GOLDFIELDS, die in ihrer „vielbeachtete[n] Kampfschrift mit dem Titel *The Efemcipated English Handbook“* von 1983 statt E*man*zipation E*fem*zipation forderte und für die *Men*struation, den „weiblichste[n] aller Vorgänge“ die Ersatzform *Fem*struation konstruierte (FREESE 1999: 19f). Denkwürdig ist auch die z. B. vom Asta der FU verwendete Schreibweise „KrüppelInnen-Initiative“ (‹http://www.astafu.de/aktuelles/archiv/a_2001/asta› Stand: 14-09-2009). In der Wortwahl einerseits und dem Binnen-I andererseits treten Abwehr und Affirmation von PC-Normen gleichzeitig zutage. Die

Die Euphemismus-Tretmühle führt vor Augen, daß „Begriffe und nicht Wörter im Geist der Menschen primär sind. Geben Sie einem Begriff einen neuen Namen, und der Name wird vom Begriff eingefärbt; der Begriff hingegen wird durch den Namen nicht aufgefrischt, zumindest nicht lange“ (PINKER 2003: 299f). Ein Ingangsetzen dieses Karussells könnte damit auch gedeutet werden als Weigerung gegen den Prozeß der Eigennamensbildung, der zwangsläufig als ein abschüssiger Weg in die vollkommene Inkorrektheit erscheinen muß, sobald er nur gründlich mißverstanden wird, ob absichtlich oder nicht. Der Vorfahr von, sagen wir, Frau KLEIN, dem sie ihren Namen verdankt, hat diesen sich vermutlich ebensowenig wie seine Nachfahren selbst ausgesucht. Vielleicht traf einst bei dem Erstbenannten die Zuschreibung einer geringen Körperlänge sogar zu, sei es zum Zwecke der Differenzierung oder Diffamierung.[56] Doch irgendwann bei irgendwem stimmte diese Zuordnung nicht mehr, ohne daß ein größer geratener KLEIN deswegen darauf bestehen durfte, von nun an als Herr GROSS angeredet zu werden. Denn der eigentlich falsch gewordene Name erfüllte weiter seine Funktion der Bestimmung. In der Vornamensgebung ist es Eltern hingegen nach wie vor möglich, ihre Kinder mit einer sprachmagischen Vorbedeutung zu versehen, ob in Assoziation zu einer berühmten Person der Zeitgeschichte,[57] einer gute Eigenschaften versprechen-

---

selbstbewußte Aneignung negativer besetzter Bezeichnungen kann sich mitunter etablieren, so daß sich im allgemeinsprachlichen Wortschatz Paradigmen wie schwul wiederfinden, die in der Linguistik als Geusenwörter bekannt sind (vgl. KNAUER 2008: 68).

56 Bei dem Euphemismus „vertikal herausgefordert“ für „kleinwüchsig“ ist nicht mehr ohne weiteres auszumachen, ob nach der ursprünglichen Herkunft bei Spaßvögeln oder PC-Aktivisten gesucht werden muß (vgl. MAYER 2002: 204).

57 Bei diesem Wahlkriterium ist jedoch erhöhte Vorsicht geboten. Die 24-jährige Lehramtsabsolventin Julia KUBE erbrachte in ihrer Master-Arbeit den Erweis, daß Grundschulpädagogen bestimmte Vornamen wie Angelina, Maurice oder Justin mit Verhaltensauffälligkeit, Leistungsschwäche und Zugehörigkeit zur Unterschicht in Verbindung bringen, ohne diese Beurteilungen weiter zu reflektieren. Über den Träger der roten Laterne in der Negativ-Rangliste fällt eine befragte Lehrerin das grausame Urteil: „Kevin ist kein Name, sondern eine Diagnose.“ (vgl. epd-Meldung in der *Berliner Zeitung* vom 17. September 2009, S. 6; vgl. TRENKAMP 2009). Im „Newsticker“ der *Titanic* wurde diese Steilvorlage sprachmagischer Prädisponierung postwendend aufgegriffen: „[18.09.2009] (...) Während die Leistung von Hauptschülern, die etwa Marie-Curie

den Etymologie oder einfach einem schönen Klang. Ansonsten werden nur im nett wie boshaft gemeinten Witz Eigennamen auf ihre durchscheinende, vermeintlich wahre Bedeutung zurückgeführt.

Sprache wird oft „gerade deshalb so interessant, weil sie sich von Gedanken und Einstellungen lösen kann" (PINKER 2003: 297). Die Tendenz im „Dekonstruktivismus, Postmodernismus und anderen relativistischen Lehren", die Bedeutung von Sprache nun extrem zu übersteigern und gleichzeitig mit Bildern und Gedanken gleichzusetzen, löste die Realität bis auf die subatomare Ebene in soziale Konstruktionen auf (cit. op. 285f; 293; 305) und half unter anderem auch, „das theoretische Fundament für die PC-Debatte [zu] legen" (FREESE 1999: 13). Schon vor tausenden von Jahren dekonstruierten Philosophen mithilfe des Phänomens der optischen Täuschung den „naiven Realismus" (PINKER 2003: 281), in dem Wahrnehmung und Wirklichkeit noch eine Einheit bilden, oder genauer: der Mensch sich diese Einheit einbilden kann und von der Anschaulichkeit analogischer Kurzschlüsse profitiert, freilich um den Preis der Inkorrektheit seiner Informationsverarbeitung. Eine nominalistische Gegenposition jedoch kann Korrektheit letztendlich nur in der Sprache entäußert sehen, und wenn sie diese für die Sphäre der Politik einfordert, muß sie beinahe zwangsläufig den Schluß ziehen, daß dort wie im zwischenmenschlichen Umgang überhaupt „Stereotype von Haus aus irrational seien" (cit. op. 288). Die „intuitive(n) Vorstellung", daß Kategorien „durch ein inneres Wesen oder eine verborgene Eigenschaft definiert werden, die ... Merkmale hervorbringen" (ebd.), wird dann nicht mehr nur als falsch, sondern als illegitim oder gar „böse" (ZIMMER 1993: 4) gewertet, weil sie auf menschliche Befindlichkeiten trifft. Die Sicht des „nun einmal auf gegenseitiges Begucken und Beurteilen eingestellten" (ROSENZWEIG 1923: 35) Menschen auf die Stärken und Schwächen seiner Natur, die auch auf Naturleugnung hinauslaufen kann, ist von vielleicht unterschätzter Bedeutung für ein tieferes Verständnis des Antisemitismus wie für dessen Bekämpfung.

Kloppstock heißen, automatisch als hervorragend eingestuft würden, müsse gleichzeitig jeder Internatszögling, der Dosenbier-Dennis heiße, regelmäßig um seinen Schulabschluß bangen" (‹https://www.titanic-magazin.de/newsticker.html› Stand: 18-09-09).

II. Fauler Zauber

> Eine Lüge (das hat sie mit dem Witz gemein) ist um so stärker, je mehr Wahrheit sie enthält.
>
> Victor KLEMPERER (1966: 195)

Da Antisemiten bisher den Nachweis schuldig geblieben sind, ihre Weltanschauung hätte der Menschheit auch nur zu einem einzigen Heil statt zu dauerndem Unheil verholfen, kann Antisemitismus in seiner ethischen Konsequenz ohne weiteres als Verstoß gegen die Kardinaltugenden Mut, Weisheit, Gerechtigkeit und Maß[58] (vgl. SCHWARTZ 1951: 52ff), das sittliche „Viergespann" menschlichen Selbstverständnisses (PIEPER 1964: 10), zusammengefaßt und bewertet werden. Antisemitismus ist feige, töricht, ungerecht, maßlos. Was ihn für seine offenen wie uneingestandenen Anhänger so reizvoll und für seine Gegner so frustrierend werden ließ und läßt, ist die Macht seiner gedanklichen Perfidie. Sind seine verheerenden Folgen weithin bekannt und unter Nicht-Antisemiten unstrittig, verzweigen sich in der Forschung die Ansichten über das, was ihm zugrunde liegt, in viele und oft gegensätzliche Richtungen. Die „sehr besondere(n) sprachphilosophische(n) Position" (THIESSEN 1981: 96) Klaus HEINRICHS bietet nun eine Möglichkeit, sich dem Problemkomplex Antisemitismus über die eigenartige Negation, die sich in der Wortgestalt selbst höchst verquast ausdrückt, anzunähern: „Wir 'verstehen' einen Begriff nur dann, wenn es uns gelingt, den in ihm verkörperten 'Protest' zu übersetzen" (ders. 2002: 109). Der Ausdruck Antisemitismus war zur Zeit seiner Prägung gerade deswegen ein so „ungeheurer Erfolg", weil er „den unmittelbaren Bezug zu lebenden Juden" (VOLKOV 2000: 26ff) vertuschte, das Ziel seines An-

58 Der bedeutende klassische Philologe Eduard SCHWARTZ (1858-1940) hielt in den Wintersemestern 1933/34 und 1934/35 als Schlußpunkt seiner Lehrtätigkeit Vorlesungen, die posthum als *Ethik der Griechen* herausgegeben wurden, worin er zeigt, daß bereits AISCHYLOS die vier „so kanonisch" gewordenen ἀρεταί „vorgefunden" hat (SCHWARTZ 1951: 53). Es bleibt hier zu erwähnen, daß der Altertumsforscher 1928 als öffentlicher Förderer des antisemitischen *Kampfbunds für deutsche Kultur* in Erscheinung trat (vgl. KLEE 2007: 558).

griffs in den Nebel eines wissenschaftlich höchst diffusen Semitismus[59] hüllte. Dem deutschen Antisemitenapostel MARR war das schon abstrakte Wort Judentum „immer noch zu spezifisch“ und so „lancierte und popularisierte“ er als erster den Begriff Antisemitismus, dessen symbolische Bedeutung „den Judenhaß transzendierte und doch auf elegante Weise mit ihm identisch wurde“ (VOLKOV 2000: ebd.). Der Protestsinn dieser Vokabel war also von vornherein kein emphatischer, der „das zweideutige Schweigen durch eindeutig machende Rede bricht“ (HEINRICH 2002: 109), sondern im Gegenteil ein Fanal der Täuschung. Solange die ursprüngliche „Selbstbezeichnung einer Parteirichtung“ als „politisches Schlagwort“ (NIPPERDEY; RÜRUP 1972: 138) noch zur Manipulation und „Spaltung, die sich als Integration ausg[ab]“ (WILKENS 1998: 74), taugte, entfaltete sich der Begriff Antisemitismus in seiner beredten Art des Verschweigens. Bezeichnenderweise verlor das Wort selbst, als deutsche Mörder den Plan dahinter vollstreckten, nicht einfach nur an Gebrauchswert (vgl. EBACH 1988: 497), sondern geriet regelrecht in Verruf (NIPPERDEY; RÜRUP 1972: 151f). Doch bevor sich der nationalsozialistische Terror „jede Störung der furchtbaren Stille“ in seiner in der „Wirklichkeit errichteten ... imaginären Welt“ (ARENDT 1955: 563) der Konzentrationslager durch sprachliche Regung verbat, grassierte der Ausdruck auch dank seiner verleumderischen Verneinungsattitüde:

> Neinsagen ist die Formel des Protests. [...] Nichts ist inhaltsleerer, allgemeiner als das Nein. Es kann sich gegen alles richten und sich mit allem verbünden. Nichts ist unselbstständiger als das Nein. Es setzt eine Frage voraus, ist selbst nur abschlägige Antwort („nein“) auf eine Frage. Nichts ist überflüssiger als das Nein. Wem es um Erkenntnis zu tun ist, sollte das Nein unterdrücken und, sofern er etwas zu sagen hat, positive Vorschläge liefern. Nichts ist gefährlicher als das Nein. Nein ist nicht nur die Formel des Protests, sondern auch die Formel des Defaitismus. Wer auf dieser

59 Dieser nach 1771 in die Sprachwissenschaft eingeführte Begriff diente schon sehr bald neben der Differenzierung von Sprachfamilien zur Abwertung von Volksgruppen (vgl. NIPPERDEY; RÜRUP 1972: 130) und den Antisemiten zur Bildung des Schmähworts Philosemit für ihre Gegner (vgl. cit. op. 139).

Formel beharrt, lehnt alles ab. Er lehnt nicht nur einzelne Ordnungen, sondern die Ordnung ab. (HEINRICH 2002: 9)

Schon Abhandlungen darüber, ob mit dem Antisemitismus in den 1870er Jahren ein moderner Begriff oder lediglich ein modernes Wort geschaffen wurde, füllen ganze Regalreihen.[60] Und nicht nur das Problem der Kontinuität „will ... einfach nicht verschwinden" (VOLKOV 2000: 17). Im Phänomen Antisemitismus fließen Konflikte zusammen, brechen Konflikte hervor, werden Konflikte verschoben oder erst generiert, und es manifestiert sich darin ein Begriff, der als „symbol sickness" (RUBIN 1990: 17ff) gerade den Rang einer Begriffs*störung* bekleidet.[61] Weil man angesichts der Vielzahl an Untersuchungen „alles mit allem vergleichen" kann und „in irgend einem Winkel ... immer das etwa noch fehlende Vergleichsobjekt aufspüren" wird, gilt es, die „Frage nach der Zulässigkeit des Vergleichs" (ROSENZWEIG 1984: 173) bei der Gegenüberstellung von Antisemitismus und magischem Denken miteinzubeziehen. Deutschland, die „Heimat des Begriffs 'Antisemitismus'" und das „Ursprungsland dieser Bewegung" (NIPPERDEY; RÜRUP 1972: 129), von wo aus schließlich im „alles verzehrende[n] Brand des Vernichtungsantisemitismus" der „planvolle ... Bruch der europäischen Amphiktyonie" (LESCHNITZER 1954: 165 u. 185) vollzogen wurde, bietet sich zum einen aus folgendem Grund als Schnittstelle an: „Wer eine Geschichte des Antisemitismus schriebe, würde zugleich ein wichtiges Stück deutscher Kulturgeschichte geben" (WASSERMANN 1987: 123).

60 Anstelle einer Vorfestlegung soll hier zur provisorischen Aneignung „für den Ursprung des modernen Antisemitismus" als *terminus post* 1848 und als *terminus ante quem* „Mitte der 70er Jahre" angenommen werden (LESCHNITZER 1954: 117). Es entspricht allgemeinen Sprachwandelprozessen, daß vor der Erstnennung die „Bildung des Wortes ... 'in der Luft' [lag]" (NIPPERDEY; RÜRUP 1972: 138). Eine abstrakte Sache wie Ideologie kann älter sein als ihr Begriff (vgl. STENTZLER 1993: 212).

61 Deutete man hier *sickness* eher als Übelkeit denn als Krankheit, ergäbe sich im Deutschen eine interessante doppeldeutige Variante in Form des Begriffs*schwindels*.

Der oben zitierte Historiker Adolf „Dolfi" LESCHNITZER[62] gab der englischen Ausgabe seiner hier verwendeten Monographie den Titel *The magic Background of modern anti-Semitism – An analysis of the German-Jewish relationship* (LESCHNITZER 1956). Die Hypothese von einem magischen Hintergrund des modernen Antisemitismus wurde also bereits angedeutet am Beispiel eines „Kontakt[s] zwischen Juden und Umgebung", der „[n]ur in Deutschland innerhalb Europas seit Renaissance und Reformation ... so eigenartig und unheimlich" verlief, in dessen Falle sich „die auf der Symbiose beruhende Lebensgemeinschaft" in „Todfeindschaft gegen die Mitbürger von gestern" verkehrte (ders. 1954: 102). Immer wieder finden sich in Betrachtungen des Antisemitismus semantische Bezüge zur Magie als Beschreibungskategorie, so auch in einer Analyse Jakob WASSERMANNS, deren „Hellsichtigkeit"[63] (HORCH 2000: 599) sich ein Freund des Verfassers, der Wagnerianer Thomas MANN, erst im Exil eingestehen wollte (vgl. ebd.). Mit bemerkenswerter Wortwahl unterstrich der dem „jüdisch-mittelfränkischen Kleinbürgertum" entstammende Schriftsteller, für den „seine repräsentative Doppelexistenz" als Deutscher und Jude „bis zu seinem Tod bestimmend geblieben ist" (cit. op. 594ff), in welchem Dunstkreis er die Köche der antisemitischen Ursuppe wähnte:

> Es wäre interessant, die vielfältigen und in ihren Folgen verhängnisvollen antisemitischen Machenschaften aufzudecken, mit denen in den siebziger

62 Von 1952 ab dozierte der 1899 in Posen geborene promovierte Gymnasiallehrer zwanzig Jahre lang regelmäßig als Gastdozent an der FU und war damit nach der Vertreibung der Juden aus der deutschen Universitätswelt der erste jüdische Gelehrte, der in Berlin wieder Vorlesungen abhielt (vgl. MEYER 2005: 10ff).

63 In seiner 1921 erschienenen Autobiographie führt WASSERMANN in einer beunruhigenden Anekdote vor, daß Wissenschaften die profane Gabe der Vorahnung zwar stets für sich reklamieren, aber nicht selten an die schreibenden Künste abtreten müssen: „In den verzweifelten Tagen meiner Münchener Not hatte ich die wunderliche Gewohnheit, jeden Morgen zum Kirchhof zu wandern und die in der Leichenschaukammer zur Schau gestellten Toten zu betrachten. Ich wurde ihres Anblicks nicht müde. Die wächsernen Stirnen, Augen und Lippen sprachen zu mir; es kam mir vor, als seien es im Grunde lauter Gemordete, irgendwie durch Mißverständnis und überflüssige Leiden Gemordete. [...] Es ist mir, als wäre nur bei den Toten Gerechtigkeit zu finden gegen die Lebenden. Denn was diese tun, ist ganz und gar unerträglich." (ders. 1987: 129f)

> und achtziger Jahren die eingeschworenen Wagnerianer in einem seltsamen Zustand von Bezauberung und geheimnisvoller Unruhe die deutsche Welt über das Mißverhältnis zwischen Wagner, dem expressiven Deutschen, und Wagner, dem Musiker, hinwegzutäuschen wußten; denn dort war die Zentralhexenküche. (WASSERMANN 1987: 123f)

Der Zeitzeuge der nachfolgenden verhängnisvollen antisemitischen Machenschaften Victor KLEMPERER wurde „das ganz bestimmte Wissen um die engste Verbundenheit zwischen Nazismus und deutscher Romantik" (ders. 1966: 154) nie los. Da es „[d]ie deutsche Kultur war ... , die zusammenbrach und unter ihren Trümmern außer vielen ihrer Söhne auch diese Adoptivkinder begrub, die sich so freudig zu ihr bekannt hatten" (LESCHNITZER 1954: 157), ist die aus unmittelbarer Erfahrung erwachsene Befürchtung KLEMPERERS, daß es sich beim rassistischen Antisemitismus „um ein spezifisch deutsches, aus deutscher Geistigkeit gesickertes Gift" und beim Nationalsozialismus nicht um eine „eingeschleppte Seuche, sondern eine Entartung des deutschen Wesens selber" (ders. 1966: 147) handelte, eine Grundthese, die in der geistigen Auseinandersetzung um die tieferen Ursachen der „deutsche[n] Katastrophe, ... zu deren Opfern vom ersten Tage an die Juden gehörten" (LESCHNITZER 1954: 157), weite Kreise zog und nach wie vor zieht. Auch der „provozierte Provokateur" (STARK 2004: 48) Gottfried BENN, der anfangs die NS-Machthaber stützte, um später bei ihnen in Ungnade zu fallen (vgl. KLEE 2007: 41f), kam zu dem Eingeständnis: „Man muß bekennen, es waren nicht die Bestien, es war Deutschland, das in der Bewegung seine Identität zur Darstellung brachte" (BENN nach WOJAK 2004: Klappentext).

Doch Berufsantisemiten des deutschen Kaiserreichs wie die einstmals liberal tickenden Publizisten GLAGAU und MARR oder der evangelische Hofprediger STOECKER (vgl. VOLKOV 2000: 27ff) besaßen noch keine rechte Vorstellung von konkreten Plänen zur Lösung der von ihnen aufgeworfenen Judenfrage im Wilhelminischen Deutschland. Sie waren dort nicht mehr als „ein Teil seiner schriftlichen Kultur", zu der „der bürokratische Stil Potsdams und die romantische wagnerische Großartigkeit" gehörten. Ähnlich der liturgieartigen Kommentare französischer Antisemiten zur Dreyfus-Affäre zielte der „antisemitische(n) Wortschwall" im Deutschland jener Zeit „gar nicht auf Handeln“, sondern hatte als „'eine magische Reaktion'“ seinen „Sinn in sich selbst.“ Allerdings war der „im wesentlichen verbal“ und literarisch praktizierte Antisemitismus damit „um so besser geeignet, symbolischen Wert anzunehmen“ (cit. op. 23 u. 72f). Das „postemanzipatorisch(e)“ (EISSING 1991: 78) antisemitische „Bekenntnis ... wurde zu einem Signum kultureller Identität“ und konnte sich zu einem „kulturellen Code“ entwickeln (VOLKOV 2000: 23), in dem die sprachmagische Verschmelzung von Glaube und Aberglaube spezifisch deutscher Provenienz in eine neue Richtung wies, wie es der „nationalprotestantische Historiker“ (HÜBINGER 1994: 265) Heinrich VON TREITSCHKE in seiner Unglücksbotschaft exemplarisch vorführte.

Es ist nicht auseinanderzuhalten, ob es seine Haltung zu den Juden, zu den Antisemiten oder zu seinem eigenen Deutschtum war, die „Generationen [prägte]“ (KLEE 2007: 618). Und nie „vermögen wir die seltsame Interdependenz, die Wechselwirkung zwischen Autor und Publikum zu ergründen. Nie können wir feststellen, wer der ausschlaggebende Faktor war“, ob der Einzelne nur zu Papier brachte, „was die Leser schon dunkel empfunden, aber noch nicht klar gesehen hatten“ oder ob die Konsumenten derjenigen Literatur zum Erfolg und damit zur Öffentlichkeit verhalfen, die ihrem Geschmack und ihren unausgesprochenen Wünschen entgegenkam (LESCHNITZER 1954: 129). Bis heute in Erinnerung geblieben ist VON TREITSCHKES „abstrakte, identifikationsgleiche und im Prinzip schon totalitäre Formel“ (GEULEN 2007: 88), die ab 1927 allwöchentlich die Fußleiste des *Stürmers* als Mantra zieren sollte (vgl. BENZ 2004: 88). Einer seiner „wirkungsmächtigsten Schüler“ (HERING 2003: 195) war der spätere Radikalisierer des *Alldeutschen Verbandes* Heinrich CLASS, der persönliche Zuneigung zu seinem Mentor mit Anerkennung über dessen zentralen Ausspruch verband:

> Mir war Treitschke der Meister, der mein Leben bestimmte. [...] Da ich meine Seele ihm ganz anvertraute, nahm sie auch mit voller Überzeugung das Neue auf, das er ihr bot: die entschiedenste Ablehnung des Judentums ... Sein Wort 'die Juden sind unser Unglück' ging mir mit meinen zwanzig Jahren in Fleisch und Blut über; es hat einen wesentlichen Teil meiner ... politischen Arbeit bestimmt. (ders. nach ebd.)

Erst der Kontext dieses Fluchs, der die Juden schon lange vor deren physischer Austreibung auf symbolischer Ebene mit dem Mal der „'verruchten Rasse'" (LESCHNITZER 1954: 10) versehen hatte, bringt die maliziöse Doppelzüngigkeit ans Licht, mit der der antisemitischen Bewegung der „Kappzaum der Scham ... abgenommen" (MOMMSEN 1880: 222) wurde. Im Titel des 1879 in den *Preußischen Jahrbüchern* veröffentlichten Aufsatzes *Unsere Aussichten* materialisiert sich bereits der orakelhafte Duktus, mit dem VON TREITSCHKE gleich im ersten Satz über eine „wunderbare, mächtige Erregung", wie sie „in den Tiefen unseres Volkslebens [arbeitet]" (ders. 1879: 7), sinniert. Die Anrufung eines anonymen „erwachte[n] Gewissen[s] des Volks" (cit. op. 8) zieht sich fortan durch dieses „Evangelium der Intoleranz"[64] bis zu jener Exklamation, die VON TREITSCHKE der Allgemeinheit im wörtlichen Sinne in den Mund legt:

> Bis in die Kreise der höchsten Bildung hinauf, unter Männern, die jeden Gedanken kirchlicher Unduldsamkeit oder nationalen Hochmuths mit Abscheu von sich weisen würden, ertönt es heute wie aus einem Munde: die Juden sind unser Unglück! (ders. cit. op. 13).

So gibt sich VON TREITSCHKE mit dem rhetorischen Schein von Distanz und Objektivität als ein Protokollant des „leidenschaftlichste[n] aller Völker" aus, der die „Ausbrüche eines tiefen, lang verhaltenen Zornes" und jenen „Instinkt der Massen" zur Sprache bringt, welcher „in der That eine schwere Gefahr, einen hochbedenklichen Schaden des neuen deutschen Lebens richtig erkannt" und „den Bann einer stillen Unwahrheit von uns genommen" haben soll (ders. cit. op. 9ff). Der habilitierte Geschichtsschreiber zieht damit aus der „furchtbaren Versuchung, den Mob mit dem Volk zu verwechseln" (ARENDT 1955: 190) stilistisches Kapital, jedoch nicht ohne die arglistige Technik der

64 So bezeichnete der liberale Altertumsforscher Theodor MOMMSEN als einer der „wenigen protestierenden Nichtjuden" *Unsere Aussichten* und wurde damit im „Treitschkestreit" oder der „Treitschkiade", wie Zeitgenossen damals den Berliner Antisemitismusstreit nannten, „über Nacht zu einem der Wortführer der fortschrittlich gesinnten bürgerlichen Kreise, die von Treitschkes Ausfällen peinlich berührt waren und mit dessen Obsessionen nichts zu tun haben wollten" (SCHOEPS 2003).

ja aber-Einschränkung anzuwenden, wie sie bis heute das Kalkül der Verunglimpfung mit „giftigen Elementen“ (KLEMPERER 1966: 24) anreichert: „[S]o erscheint die laute Agitation des Augenblicks doch nur als eine brutale und gehässige, aber natürliche Reaction des germanischen Volkes gegen ein fremdes Element“ (VON TREITSCHKE 1879: 13). Je wohlwollender das Zugeständnis, desto verächtlicher dessen sofortige Zurücknahme:

> Keine deutsche Handelsstadt, die nicht viele ehrenhafte, achtungswerthe jüdische Firmen zählte; aber unbestreitbar hat das Semithentum ... eine schwere Mitschuld an jenem schnöden Materialismus unserer Tage, der ... die alte gemüthliche Arbeitsfreudigkeit unseres Volkes zu ersticken droht; in tausenden deutscher Dörfer sitzt der Jude, der seine Nachbarn wuchernd auskauft. (cit. op. 11)

Lehnt er „auch nur eine(r) Schmälerung der vollzogenen Emancipation“ als „ein offenbares Unrecht“ wohl nicht nur angesichts seiner „jüdischen Freunde“ ab, so führt er an anderer Stelle gegen seinen eigenen politischen Standpunkt unauflösbare geistige Dichotomien ins Feld und konstatiert eine angeblich schon von TACITUS beklagte „Kluft zwischen abendländischem und semitischem Wesen“, die „von jeher bestanden [hat]“ (cit. op. 10f). Er räsoniert, daß „breite Schichten unseres Volks einem wüsten Unglauben verfallen“, aber es sind die Juden, von denen er „Pietät ... gegen den Glauben, die Sitten und Gefühle des deutschen Volks“ einfordert (cit. op. 7 u. 14).

Doch VON TREITSCHKEs eigentlicher „Beitrag zur Verbreitung des Antisemitismus“, der diesen „in der bürgerlichen Gesellschaft 'salonfähig' machte“ (VOLKOV 2000: 31), liegt in der „Fatalität selbst“ (ARENDT 1955: 146), die er irreversibel in jenen Ausrufesatz meißelte. Die Idee, daß die Juden an allem schuld seien oder auf jeden Fall theoretisch immer sein könnten – was im antisemitischen Denken dasselbe ist – und sich so der nichtjüdischen Mehrheit als ideale Sündenböcke[65] oder, korrekter gesprochen, Prügelknaben anboten, war

65 Die Komplexität der Sündenbockthese entfaltet sich nicht in der Frage um ihre Richtigkeit, sondern im Verhältnis von Auswahl und Funktion des Fremdopfers, wie der als Antisemitismusforscher selten wahrgenommene George ORWELL bereits 1945 erkannte: „[W]as ich mit fester Überzeugung sagen würde, ist, daß ... der Jude offensichtlich als

ein Erbe der europäischen Mentalitätsgeschichte, das auch die nationalsozialistischen Deutschen nie ausschlugen (vgl. BENZ 2004: 163f). Doch schon bei Martin LUTHER, der für die angeblichen jüdischen Verbrechen den Begriff „Meuchelschaden" aufbrachte (vgl. WIPPERMANN 2005: 127), überflügelte ein „diabolischer Antisemitismus" mit „exterminatorische(m) Charakter" (cit. op. 73) die traditionelle Schuldbehauptung, die den des Gottesmordes und anderer Untaten Verdächtigten immer einen, wenn auch prekären Platz im christlichen Heilsplan und in der Menschheit belassen hatte.[66] Aber nichts brachte den gedanklichen Sprung vom Verbrechen zum Verderben so unheil- und wirkungsvoll auf den Punkt wie das Malediktum des „notorischen Verleumders" (VOLKOV 2000: 171) VON TREITSCHKE, der sich „nie als 'Antisemit' bezeichnet oder gefühlt" (NIPPERDEY; RÜRUP 1972: 140) haben soll. Die alte Schuldzuweisung, die dem Delinquenten noch das Recht der Strafe ließe (vgl. ARENDT 1955: 145), wird damit jedoch nicht etwa abgelöst, sondern bis zu ihrer entmenschlichten äußersten Form getrieben, der Frage nach Seligkeit oder Unglück:

> Allem Unheil liegt Schuld zugrunde; Schuld, die ein Bösewicht auf sich geladen hat: entweder direkt durch planvolle, auf Schädigung oder Vernichtung abzielende Handlungen (natürlichen oder übernatürlichen, magischen Charakters) oder indirekt durch seine Sünden, die einen Fluch nach sich ziehen, der von überirdischen Mächten an der Allgemeinheit gerächt wird. (LESCHNITZER 1954: 135)

Womöglich ahnte VON TREITSCHKE, daß „derartige magische Vorstellungen ... insbesondere die seelischen Reaktionen der Massen aufs tiefste beein-

---

Sündenbock herhalten muß, obwohl wir noch nicht wissen, *wofür*" (ders. 1982: 8).

66 „Israel, seiner Auserwähltheit verlustig gegangen, lebt fort, um dem neuen, echten, geistlichen Israel, dem Israel des Neuen Bundes, der *Kirche,* die Legitimität ihrer Sendung zu bestätigen. Erst am Ende der Zeiten wird ganz Israel in der Kirche aufgehen. So gefährlich diese Lehre für die rechtliche und gesellschaftliche Stellung der Juden sein mochte ... so trug sie andererseits dazu bei, die Juden vor dem Äußersten zu schützen" (LESCHNITZER 1954: 165). Es blieb der „Ausweg der Taufe" und selbst der „verbrannte oder totgeschlagene Jude" hörte niemals auf, „ein Mensch zu sein" (ARENDT 1955: 146).

flussen"[67] (ebd.) und daß er mit der „vertraute[n] Propagandatechnik der 'falschen Metapher'" in „einem Federstrich ... ein Einzelproblem zum Inbegriff aller anderen gemacht" hatte (VOLKOV 2000: 32). Die praktischen Schlußfolgerungen seiner Schreckensnachricht verschwieg er allerdings, oder er vermochte oder wagte sie nicht auszusprechen: „Aus dem Judentum konnte man entkommen, aus der Jüdischkeit nicht; ein Verbrechen unterliegt nur einer Strafe, auf dem Laster, will man es überhaupt bekämpfen, steht die Ausrottung" (ARENDT 1955: 150). Gegenüber den Juden, die schuld an etwas sein sollen, empfindet ihr Feind Wut und Ärger, die sich in Pogromen entladen, gegenüber den Juden, die Unglück nicht nur bringen, sondern an sich bedeuten, ergreift den Antisemiten nacktes Entsetzen und hilflose Furcht, denn ihn dünkt „die reale Ohnmacht der Juden ... als Trugbild ihrer Macht" (WILKENS 1998: 74). Die magische Kausalität zwischen Verbrechen und Verderben entsteht durch eine „Beschwörung des reinen Ursprungs", in der die „Möglichkeit des Bündnisses mit dem Ursprung", wie ihn die „jüdische Religion lehrt", „dämonisiert" wird (cit. op. 73ff):

> „Die Juden sind unser Unglück": Sie erscheinen als Symbol und zugleich Ursache des gesellschaftlichen Unglücks. Man kann sagen, sie werden als Ursprung des allgemeinen Unglücks angesehen. Denn die Macht des Ursprungs ist nicht zu trennen von seinen Symbolen. (ebd.)

So gerne geglaubt und nachgebetet wurde VON TREITSCHKES Unglücksbotschaft deswegen, weil sie in ihrer „geniale[n] Verlogenheit", in ihrem gewollten „Mangel an Einsicht in die wahren Zusammenhänge" nicht wirklichkeitsfremder hätte sein können. In ihr wird die geschmähte Minderheit als „Mittel-

67 LESCHNITZERS Begriff vom magischen Denken bewegt sich im klassischen ethnologischen Rahmen mit defizitärer Wertung, er sieht darin eine aus „der Frühgeschichte der menschlichen Gattung" überkommene „unrealistische und archaische Haltung", die „mindestens rudimentär in wohl allen Individuen" fortlebt und zu deren „Verständnis uns zuerst die Anthropologie führte" (ders. 1954: 136). Als „Kehrseite des Mangels an Realismus und politischem Verständnis" beschreibt er eine „'metaphysische Haltung'", wie sie „neben Ungebildeten und Halbgebildeten auch viele deutsche Gebildete aus Denkfaulheit und Mangel an Zivilcourage empfänglich für die geistige Infektion" machte (cit. op. 138).

punkt der Welt gesehen“ und deren „Bedeutung maßlos überschätzt“ (LESCHNITZER 1954: 134 u. 151). Den sprachmagischen Impuls gibt hier tatsächlich die Allmacht der Gedanken, die in diesen Satz die bereits totalitäre „Überzeugung von der Allmacht des Menschen“ (ARENDT 1955: 614) projiziert. Während die gespaltene Zunge des „einflußreichste[n] Vertreter[s] des neuen Antisemitismus“ (VOLKOV 2000: 62) zum „moralischen Nihilismus des 'Alles ist erlaubt'“ (ARENDT 1955: 614) im Falle der gewalttätigen Judenfeindschaft mehrmals Ablehnung suggeriert (vgl. VON TREITSCHKE 1879), offenbart sie seinen „sehr viel radikaleren Nihilismus eines 'Alles ist möglich'“ (ARENDT 1955: 614) in diesem einen Satz, der durch nichts als ein Ausrufezeichen kommentiert oder erklärt wird.

Die Schriften des zeitweilig nationalliberalen Reichstagsabgeordneten ließen sich „nicht so leicht verdrängen“ wie der „vulgäre Antisemitismus der Straße“, der noch immer dem „Unverstand des Pöbels“ angelastet werden konnte (VOLKOV 2000: 89f). Sie katapultierten seine Spielart der Judenverachtung literarisch und faktisch aus der Wildnis des Kanaillentums in die Zivilisation des Bürgertums und verstärkten damit gleichzeitig den bürgerlichen Drang zur Wildheit, wie er in der „Heldenverehrung der Gangster von seiten der Elite“ und dem „Bündnis ... aller Deklassierten auf der Grundlage des Ressentiments oder der Verzweiflung“ nach dem I. Weltkrieg „zur Regel wurde“ (ARENDT 1955: 189). Dieser „glühende Nationalist“, der „durch die Dominanz des preußischen Junkertums und seiner Klassengesellschaft geprägt“ wurde (VOLKOV 2000: 62), brachte in seinem W u n s c h nach einem „Erwachen des Volksgewissens“, den er freilich als B e f u n d ausgab (VON TREITSCHKE 1879: 7), instinktiv die wichtige und moderne Funktion des Antisemitismus als Suche nach „einer tief in der Gesellschaft und unterhalb aller 'oberflächlichen' Politik liegenden Kraft, die dem Chaos natürwüchsig [sic] und von innen her wieder eine Ordnung verleihen würde“ (GEULEN 2007: 89), zum Ausdruck.

Vielleicht liegt es im Wesen[68] antisemitischer Literatur selbst begründet, nach Kräften eine Unterscheidung zu verhindern zwischen dem, was jemand wie VON TREITSCHKE, ein „Herold deutschnationaler Sehnsüchte borussischer Observanz" (BENZ 2004: 149) seinen „inneren Beweggründe[n]" (VOLKOV 2000: 16) nach w o l l t e, was er e i g e n t l i c h wollte und e i g e n t l i c h n i c h t wollte. Teilweise beurteilen bundesdeutsche Historiker seine Position zu Judentum und Judenhaß mit einer gewissen Unentschlossenheit, bisweilen auch im Verbunde mit einem apologetischen Gestus. So räumte Golo MANN[69] ein, daß der „große Schriftsteller" VON TREITSCHKE nicht nur gemeinhin als Antisemit „gilt", sondern es auch „war". Wenige Zeilen später soll er es „im niederträchtigen Sinne ... eines jüngst verflossenen Zeitalters" dann aber „durchaus nicht" gewesen sein. Befremdlicher mutet jedoch die wahrscheinlich ernst gemeinte Fürsprache an, in der er als „leidenschaftlicher, zorniger Patriot" beschrieben wird „mit einem schönen Sinn für das Gerechte und Wahre", dem „etwas Unwahres, etwas Gemeines ... nie aus seiner Feder gekommen [wäre]." Mit „seinem Antisemitismus" hätten „etwa die Nazis ... durchaus nichts anfangen können." (MANN 1960: 178f) Der konservative Publizist charakterisierte VON TREITSCHKE so zwar mit Einschränkungen, doch explizit als antisemitisch, im selben Atemzuge aber als unbedingt fair und wahrheitsliebend, wodurch er diese Attribute mit einer – gelinde gesagt – äußerst widersprüchlichen Bedeutung versah. Und der Herausgeber des Stürmers STREICHER konnte mit dem Antisemitismus VON TREITSCHKEs offensichtlich einiges anfangen, was nur dann

68 Ob es überhaupt Sinn ergibt, von einem „Wesen des Antisemitismus" zu sprechen, wie es BENZ z. B. womöglich nur zufällig unterläuft (ders. 2004: 234), hängt mit davon ab, für wie eigenständig man eine weltanschauliche Kategorie halten muß, um ihr so etwas wie eine Essenz zuzugestehen.

69 HORKHEIMER und ADORNO sollen persönlich MANNS Berufung an die Frankfurter Universität unterbunden haben, indem sie ihn gegenüber dem hessischen Kultusminister als „heimlichen Antisemiten" bezeichneten (vgl. NEUMARK 1980: 237) und damit „eine Krankheit benennen wollte[n], von der man auch befallen sein konnte, ohne ihrer bewußt zu sein" (ALBRECHT 2000: 198). Ungeachtet der persönlichen und inhaltlichen Konfliktebene standen sich hier „verschiedene Konzepte der Vergangenheitsbewältigung" gegenüber und hinter dem akademischen Zwist „verbargen sich tiefgreifende Differenzen über das Wesen des Antisemitismus und seine anthropologischen oder sozialpsychologischen Ursachen" (ebd.).

als Gegenargument wegfiele, wenn Golo MANN diesen nicht zu den Nazis rechnete.

Der wohl weniger umstrittene Antisemitismusforscher BENZ wertet den Schaden der Unglücks-Sentenz, die „selbstständig“ wurde, als „erheblich“, die Frage, „ob Treitschke ein Antisemit war und willentlich den Antisemitismus förderte“ hingegen als „ganz unerheblich.“ Gleichzeitig hebt er den „Mann von Reputation und einigem Nachruhm“ von den „eifernden Kleingeistern, Traktate schreibenden Privatgelehrten, den Propheten des Antimodernismus“ AHLWARDT, DÜHRING, MARR, FRITSCH, STOECKER ausdrücklich ab und sieht die Notwendigkeit, rückwirkend klarzustellen, daß VON TREITSCHKE die Nationalsozialisten „sicher verachtet [hätte]“ und eine Inanspruchnahme seines „geflügelten Wort[es]“ durch diese „gewiss nicht beabsichtigt [hat].“ Er soll auch nicht zu denen gehört haben, die mit der „Rassenlehre“ eine „völlig neue Art der Judenfeindschaft“ propagierten, die „die jüdische Minderheit als schuldig stigmatisierte.“ Und es soll das, was er von den (Ost)Juden „verlangte“, nämlich „Anpassung, Assimilation, Aufgabe kultureller Eigenart“, in der „großen öffentlichen Debatte“, die seinen *Aussichten* folgte, „geklärt“ worden sein. (BENZ 2004: 179f)

In der Konsequenz freilich lief VON TREITSCHKES „politische Theorie ... darauf hinaus, daß man entweder Jude war oder Deutscher“ (FLASCH 2000: 306). Mit seinen fragwürdigen Assimilationsangeboten, die für ihn „höchstens vorübergehend“ als „Zwischenlösungen“ in Betracht kamen, setzte er die deutschen Juden einer neuen „Situation des Drucks“ aus (ebd.), womit er den althergebrachten „theologische[n] Druck“ (GEULEN 2007: 31) erweiterte und aktualisierte. Auch die *Lingua Tertii Imperii,* wie KLEMPERER die Sprache des Dritten Reiches zuerst als „parodierende Spielerei“, dann aus „Notwehr“ faßbar machte (ders. 1966: 17), wurde in ihrer „Judensparte“ darauf abgestellt, die Juden „ganz und gar unüberbrückbar vom Deutschtum abzusondern“, ihr „Nichtdeutschtum“ (cit. op. 195) gewaltsam herbeizureden. Die hier gezogene Parallele soll jedoch nicht dem „Gefühl des Selbstverständlichen, das charakteristisch ist für die Darstellungen der Verbindung zwischen dem älteren Antisemitismus und der Ausrottung der europäischen Juden“ (VOLKOV 2000: 56), Vorschub leisten. Auch MANNS und BENZENS VON TREITSCHKE-Analysen widersetzen sich der Kontinuitätsthese, allerdings auf eine mehr oder minder zu einseitige und oberflächliche Weise.[70]

„Kausalzusammenhang" ist schon ohne sprachmagischen Einspruch für sich ein „höchst problematischer Begriff" (WENTURIS; VAN HOVE; DREIER 1992: 319), weil er die Verquickung der Sinnbedeutungen von Ursprung und Ursache in seiner wissenschaftlichen Ummantelung nicht mehr erkennen läßt:

> Nach dem gängigen Wortgebrauch bedeuten die Ursprünge einen Anfang, der eine Erklärung bietet; schlimmer noch: einen Anfang, der hinreichend erklärt. Da steckt die Zweideutigkeit und damit die Gefahr! (BLOCH 1992: 45)

Spekulationen, daß VON TREITSCHKE den nationalsozialistischen Antisemitismus abgelehnt hätte, bieten ja noch nicht einmal eine „Erklärung des Späteren durch das Frühere", wie sie der „Stammesgötzen der Historiker", die „Sucht nach den Ursprüngen" manchmal zu dominant einfordert (BLOCH 1992: 45), sondern schaffen nur einen imaginären Abstand zwischen den Worten eines Einzelnen und den Taten einer Bewegung, die Generationen später

70 Im Rahmen seiner außerordentlich wertvollen wie kompakten Einsichten über den Antisemitismus weist ORWELL auf ein Methodikproblem hin, das im unspezifischen Kontext beinahe trivial erscheint, im Hinblick auf die Antisemitismusforschung, insbesondere die deutsche, jedoch gar nicht genug Berücksichtigung finden kann: „Um irgendein Thema wissenschaftlich zu untersuchen, braucht man eine unvoreingenommene Einstellung, was offensichtlich schwieriger ist, wenn die eigenen Interessen oder Empfindungen beteiligt sind" (ders. 1982: 8). Mit bürgerlichen, liberalen, konservativen oder christlichen „Interessen oder Empfindungen" seien nur einige genannt, die der Antisemitismus bei Nachkriegsakademikern wie Golo MANN oder auch Wolfgang BENZ berühren mag. Hier sei forsch behauptet, daß jüdische Autoren, deutsche und nichtdeutsche, den Antisemitismus in der Regel nüchterner, auf- und abgeklärter, *sine ira et studio* zu untersuchen pflegen, ganz so, als ob er ihr Innerstes nicht betreffe. Auch die Sicht von jüdischen Wissenschaftlern auf ihr ureigenes Judentum wirkt oftmals wesentlich unaufgeregter als der intellektuelle Umgang von Christen mit ihrem Christentum bzw. von Deutschen mit ihrem Deutschtum. Die Frage nach dem Verhältnis von Judentum und Christentum zu Wissenschaft und Wissenschaftlichkeit sollte in der Antisemitismusforschung nicht weniger ernstgenommen werden als in der Religionswissenschaft.

einsetzte. Einer der einflußreichsten Geschichtswissenschaftler des 20. Jahrhunderts, den deutsche Antisemiten als Résistance-Kämpfer und Juden[71] folterten und ermordeten (vgl. RAULFF 1995: 16f u. 461), berief sich zur Veranschaulichung dieser Methodenkritik auf eine „orientalische Weisheit":

> Eine geschichtliche Erscheinung kann immer nur im Rahmen der Untersuchung ihres Zeitpunktes befriedigend erklärt werden. Dies gilt für alle Entwicklungsphasen; für die, in der wir leben, wie auch für die anderen. Ein altes arabisches Sprichwort lautet: „Die Menschen haben mehr Ähnlichkeit mit ihrer Zeit als mit ihren Vätern." (BLOCH 1992: 49)

Eine höchstens noch fiktive Ähnlichkeit haben dann Menschen mit ihren Enkeln, deren Eltern sich noch gar nicht zur Zeugung zusammengefunden haben. Politisch und auch geistesgeschichtlich war die besagte preußische Übelkrähe deswegen kein Vorbote des NS und der Judenvernichtung, weil ihr die Erfahrung des I. Weltkriegs, der „nicht nur viele Alltagseinzelheiten verändert [hat], sondern auch Stile des Lebens, des Denkens und des Sprechens" (FLASCH 2000: 267), ebenso fehlte wie die der Weimarer Republik, in der die „humane Dignität des Widerparts, unbeschadet seiner politischen und weltanschaulichen Position, der Zerstörung anheimfiel" (NOWAK 1993: 34). Die Frage, auf welcher Ebene der Judenfeindschaft VON TREITSCHKE welchen Platz einnahm oder neu schuf, mag durchaus das Kontinuitätsproblem des Antisemitismus über die Rassengesetze bis nach Auschwitz berühren, aber nur, wenn sie von der richtigen Seite angegangen wird.

Neben einer „gesellschaftlich verbreitete(n) Antipathie gegenüber den Juden" war die „Hinterlassenschaft des Vorkriegsantisemitismus ... in erster Linie eine geschriebene, literarische", auf die spätere Antisemiten positiv wie negativ Bezug nehmen konnten. HITLERS Bewunderung galt nicht den wilhelmi-

---

71 Seine jüdische Identität kommentiert der militärisch mehrfach ausgezeichnete französische Offizier (vgl. RAULFF 1995: 460) Marc BLOCH mit eleganter Präzision: „Ich bin Jude, wenn auch nicht aufgrund der Religion, die ich so wenig praktiziere wie irgendein anderer, so doch aufgrund meiner Geburt. [...] Es gibt nur einen einzigen Fall, in dem ich mich bewußt zu meiner Herkunft bekenne, nämlich gegenüber einem Antisemiten" (ders. 1992b: 43).

nischen „Tintenritter[n]“ und „Schreibseele[n]“ (ders. nach VOLKOV 2000: 73), sondern „eindeutig dem erfolgreichen Demagogen des Wiener Fin de Siècle, Karl LUEGER.“ HITLER wurde „durch das gesprochene Wort zum Antisemitismus bekehrt“ und seine „Rhetorik zwang selbst dem Kern des Antisemitismus eine Bedeutungsveränderung auf“:

> Der Nazismus war eine gesprochene Kultur. Seine Sprache war die Rede, ohne literarische Dimensionen, ohne Privatheit, ohne Individualität. Es war die Sprache der Demagogie, der Deklamation und des Gebrülls ... . Es war eine Kultur, in der verbale Aggression *nicht ein Ersatz für Handeln war, sondern seine Vorbereitung.* Im Gegensatz zu der Sprache des Wilhelminischen Deutschland war dies ein Medium, das in allem Ernst beabsichtigte, zu glorreichen Taten zu führen. ... Hitler [sprach] von seinem Glauben an den schließlichen Sieg, wenn „endlich der Tag kommt, an dem unsere Worte schweigen und die Tat beginnt.“ Das gesprochene Wort war also nur ein Wegbereiter der Tat [...] Das alte geschriebene Zeug wurde ... zu einem ganz neuen Material – explosiv, gefährlich, direkt in die Katastrophe führend. Die Veränderung geschah allmählich und kaum wahrnehmbar. (cit. op. 72ff)

Wenn man sie so nennen will, ist „die eigentliche Originalität der Nazis nicht in der Erfindung neuer, sondern in der Benutzung alter und bereits bewährter Schlagworte“ (ARENDT 1955: 567) zu suchen. Der vordemokratische Reaktionär VON TREITSCHKE kann hier insofern im Nachhinein als Bindeglied zwischen literarischer Gerüchteküche und verbalem Terror gesehen werden, da er mit seiner Unglückszuschreibung nicht nur entscheidend dazu beitrug, „die gebildete Sprache ... zur Trägerin von Giftstoffen“ (KLEMPERER 1966: 24) zu machen, sondern auch den „häßlichen, furchtbaren Klang“, den „[d]as Wort 'Jude'“ als „Zuruf des Antisemitismus“ bei der „Flut von Beschimpfungen“ im „Mund der Angreifer“ hatte (LESCHNITZER 1954: 86), mit unaussprechlichen Affekten weiter zu verfinstern:

> Verachtung lag darin und Haß und noch viele andere Leidenschaften, die damals nicht benennbar schienen; chaotische Triebe, die lange in Nacht und Dunkel gebannt gewesen waren, Nachklänge einer schre-

ckensvollen Vergangenheit. Daß sie Vorklang einer ebenso entsetzlichen Zukunft sein könnten, schien unmöglich. (ebd.)

Der Vielleser HITLER (vgl. HEINSOHN 1995: 104) vollzog im Grunde keinen inhaltlichen Bruch mit dem wilhelminischen literarischen Antisemitismus, er bog ihn vielmehr in eine andere formale und vor allem funktionale Stoßrichtung, die nur praktische Schlußfolgerungen übrig ließ. Seine „Besessenenschlauheit" (KLEMPERER 1966: 193) ermöglichte ihm, aus dem zu lernen, was er verlachte und verachtete (vgl. auch VOLKOV 2000: 73). Seine einzige umfangreichere Schrift, zu der ihn die lächerlich kurze Festungshaft in Landsberg gewissermaßen verdonnerte, war nach eigenen Worten ein Buch, „das geredet ist" (HITLER in *Mein Kampf* nach VOLKOV ebd.). Sein schriftstellerischer Erfolg konnte an der „Popularität antisemitischer Literatur" (cit. op. 72) anknüpfen und ihn gleichzeitig in die Lage versetzen, ein komplettes Medium des Ausdrucks und der Verständigung um seinen Eigenwert zu bringen, indem er das Wesen der geschriebenen Sprache verschlang, wiederkäute und als *self-fulfilling prophecy* wieder ausspie.[72] Magisches Denken zeigt sich in positiver Hinsicht dazu geeignet, den Menschen „in seinem Optimismus zu bestärken" (MARKOWITSCH 2001: 6). Es kann der Gegenwart eine selbsterfüllende Prophezeiung voranschicken, die Wünsche in Ursachen verwandelt, in der „eine Grenzlinie zwischen Einbildung und Wirklichkeit psychologisch nicht mehr feststellbar ist" (ARENDT 1955: 562). Fügt sich einer seinem Wochenhoroskop und läuft tatsächlich am Montag der Liebe seines Lebens in die Arme, so ist es ihm unmöglich festzustellen und wohl auch ganz einerlei, ob ihn das Schicksal ereilte, weil es ihm die Sterne geweissagt haben oder weil er es sich selbst weisgemacht und dementsprechend sein Herz für ein neues Glück geöffnet hat. Umgekehrt jedoch kann unter negativen und destruktiven Vorzeichen eine „Attitude der Flucht aus der Wirklichkeit in die Einbil-

72 Wieder ist hier der Kontext aufschlußreich, in dem der amerikanisch-jüdische Soziologe Robert K. MERTON diesen auch im Deutschen heute allgemeinsprachlich populären Ausdruck prägte. So erkläre dieser „Mechanismus ... weitgehend die Dynamik der ethnischen und rassischen Konflikte im heutigen Amerika" und erzeuge die „Perversitäten sozialer Logik", einen „tragische[n] Kreislauf aus Furcht, sozialer Katastrophe und verstärkter Furcht" (ders. 1967: 146 u. 159).

dung, von dem Ereignis in den notwendigen Ablauf eines Geschehens" (cit. op. 560) die Umsetzung der schlimmsten und unwahrscheinlichsten Befürchtungen in die Realität erzwingen (vgl. Merton 1967: 159). Die Möglichkeit einer „Emanzipation des Denkens von erfahrener und erfahrbarer Wirklichkeit" (Arendt 1955: 741) bleibt nur solange ein Quell phantastischer Lernerfolge und sonstiger magischer Wohlfahrt, wie sie das wichtige Vorurteil des gesunden Menschenverstandes, das „von vornherein mit einer nie ganz eindeutigen, nie wirklich in sich stimmigen Realität rechnet", nicht einer beschworenen „Lügenwelt der Konsequenz" (cit. op. 560f) opfert. Hannah Arendts theoretische Erörterungen zur Wirkungsmächtigkeit der „starren und verrückten Stimmigkeit einer Ideologie" (cit. op. 562) bieten zwar keine spezifische Erklärung für den nationalsozialistischen Erlösungs- bzw. Vernichtungsantisemitismus, charakterisieren aber zutreffend dessen Weltanschaulichkeit als doktrinäres „Prokrustesbett" (ebd.):

> Die Nazipropaganda verwandelte die Fabel einer jüdischen Weltverschwörung aus einer objektiv debattierbaren Lüge in das zentrale Element einer totalitären Wirklichkeit: Die Nazis handelten wirklich so, als ob die Welt von Juden beherrscht sei und einer Gegenverschwörung bedürfe, um gerettet zu werden. (cit. op. 575)

Wenn eine derart „verwandelte" Wahrnehmung von Kausalität einhergehend mit der „magischen Vorstellung des 'einen Feindes'" (Vondung 1971: 210f) der deutschen antisemitischen Bewegung als direktes Mittel zum Umsturz und der Vorbereitung von Weltkrieg und Völkermord diente, läßt sich zumindest unter dem Gesichtspunkt der selbsterfüllenden Prophezeiung behaupten, daß „[n]icht durch Revolution, sondern durch Magie ... der NS [versuchte], die politische und gesellschaftliche Realität zu verändern" (ebd.):

> Im nationalsozialistischen Mythos wird die Realität manipuliert. Ort der Manipulation ist das Bewußtsein; das entworfene Bild von Mensch, Gesellschaft und Geschichte ist der äußeren Wirklichkeit nicht adäquat, es besitzt den Charakter einer „zweiten Realität". (cit. op. 193)

Läßt sich auch „nicht mit Sicherheit beurteilen", ob die Umdeutung von Kausalitätserfahrung in Form antisemitischer Literatur nicht vielleicht doch „in einem ursächlichen Verhältnis zur Judenvernichtung stand(en)", soll sich die folgende Betrachtung auf deren Bedeutung als „zeitgeschichtliche[m] Symptom" (SAMMONS 1998: 23) beschränken.

Die *Protokolle der Weisen von Zion,* das bis heute[73] „am weitesten verbreitete antisemitische Pamphlet" (BENZ 2004: 175) und für Hannah ARENDT als „Bibel einer Massenbewegung" in „mancher Hinsicht eines der merkwürdigsten und bemerkenswertesten Dokumente unserer Zeit" (dies. 1955: 9 u. 570), sind gerade in ihrem „apokalyptische[n] Affekt" (SAMMONS 1998: 17) ein Paradebeispiel für die mitunter bis ins Kosmische gesteigerte Bereitschaft moderner Menschen, „die Realität zu lesen, als wäre sie Fiktion, und die Fiktion, als wäre sie Realität" (ECO 1994: 158). In diesem „Werk ohne Originalausgabe" erweist sich der Aspekt der Fiktionalität als ungeheure Stärke, die „jeder philologischen Kontrolle spottet" (SAMMONS 1998: 11ff):

> Denn eine Fiktion bleibt außerhalb der Kontrolle des logischen Diskurses. Es kann selbstverständlich nicht bewiesen werden, daß eine Fiktion nicht wahr ist. Folglich schwebt der Text in einem Niemandsland zwischen Phantasie und zugerechneter Wahrheit ... . (ebd.)

Seinem „magischen Weltbild" (VONDUNG 1971: 211) folgend begriff HITLER, der sich selbst als „Messias militans" wahrnahm und gleichzeitig als virtuoser „Realpolitiker ... geschickt seine Ideen Schritt für Schritt – auch mit Rückschlägen – realisierte" (LEY 2003: 114f), daß der immer wieder erbrachte Nachweis der Unechtheit die Nützlichkeit der *Protokolle* gerade so enorm steigerte und längst zum wichtigsten Bestandteil ihrer Verbreitung geworden war (BENZ 2004: 180). Er schrieb für seinen *Kampf* aus ihnen ab und machte den Fäl-

73 1988 gab sich die *Hamas* eine Charta, in der sie sich im 32. Kapitel ausdrücklich auf die *Protokolle,* deren Echtheit sie durch die Politik Israels bestätigt sehe, beruft (vgl. BENZ 2004: 188). Selbst in Japan, „wo man sämtliche Juden in einem Zimmer mittlerer Größe versammeln könnte", bedient „neuerdings eine ganze Gattung antijüdischer Schriften, die oft Motive aus den *Protokollen* umarbeiten" (SAMMONS 1998: 117), offenbar „zeitlose Bedürfnisse nach Welterklärung" (BENZ 2004: 182).

schungsfakt zum „beste[n] Beweis dafür, daß sie echt sind. Was viele Juden unbewußt tun mögen, ist hier bewußt klargelegt“ (ders. nach ARENDT 1955: 570). Diese fiktiven *Protokolle* einer fiktiven jüdischen Weltverschwörung – bei HITLER eine gegen die arische Lichtseele gerichtete „kataklysmische Gefahr“ (HEINSOHN 1995: 80) – intensivierten als fiktive „Bedrohung von ungeheurem Ausmaß“ die „Angstkomponente des Antisemitismus um ein Vielfaches“ (SAMMONS 1998: 17), transportierten aber gleichzeitig, der uralten, seit vorbabylonischen Zeiten nachgewiesenen Neidtradition (vgl. RUBIN 1990: 143) verpflichtet, den Wunsch, den „angeblichen Weltherrschern das Handwerk abzusehen“ (ARENDT 1955: 570). Die deutsche Version gehörte als „Idealtypus“ (BENZ 2004: 240) der modernen Verschwörungstheorien „zur unmittelbaren Vorgeschichte des Nationalsozialismus“ (SAMMONS 1998: 20). 1929 erkaufte sich die NSDAP die Rechte an den *Protokollen* und erhob diese zu einem „quasi offiziösen Dokument“ (BENZ 2004: 178), für dessen Eingang in die deutschen Lehrpläne 1934 der zuständige Reichsminister sorgte (vgl. SARKOWICZ 1990: 67). Den auf totalitäres Handeln eingestellten Rezipienten vermittelte die „ungeheure Popularität der *Protokolle*“ (ARENDT 1955: 569f) eine Ahnung, wie gemäß einem magischen oder „psychistischen Konzept“ das „Realitätsbild des Bewußtseins in Wirklichkeit umzusetzen“ (VONDUNG 1971: 211) sei. Nationalsozialistische Vernichtungspolitik, die sich ihrer Logik nach zunehmend die eigenen Grundlagen entziehen mußte, läßt sich auch in Hinblick auf ihren antisemitischen Exterminationswillen magietheoretisch deuten, allerdings nur mit eingeschränkter Geltungsweite, ist doch die Frage nach den eigentlichen Motiven damit noch gar nicht gestellt:

> Der psychistische Versuch, Herrschaft über die Realität zu gewinnen, äußerte sich in Destruktion, in der Zerstörung der Realität als einem Akt magischen Handelns. Handeln dieser Art kann sichtbare Erfolge zeitigen – denn Zerstören ist leichter als Aufbauen –, solang es sich aktiv entfalten kann; werden ihm Grenzen gesetzt, greift die Destruktion auf ihre Urheber über. (ebd.)

Der Magiebegriff ist hier wie in seinen klassischen Anwendungen darauf festgelegt, defizitäre und schlußendlich immer als schädlich gewertete Denk- und

Handlungsmuster zu beschreiben.[74] Im Falle der deutschen Antisemiten darf dieser Einseitigkeit stattgegeben werden, da jene aus magischem Denken einseitig die Macht des Fluchs gewannen und den Segen der Lebendigkeit, um den sie das Judentum bewunderten, fürchteten, beneideten und durch eine Endlösung bringen wollten (vgl. auch RUBIN 1990), aus allen möglichen schlechten Gründen zurückwiesen.

Irgendwann jedoch endet das Wechselspiel von Antisemitismus und magischem Denken. In Deutschland endete es, als denjenigen Männern die Regierungsgeschäfte anvertraut wurden, „die das Denken selbst verachteten" (STERN 1963: 347). Davor waren es nationalistische und dann völkische Schwarzseher, die aus einer kulturpessimistischen literarischen „Unterströmung im Bereich des Glaubens" heraus „das Eindringen wesensmäßig unpolitischer Ressentiments in die Politik begünstigt" hatten und mit ihrer phantastischen Flucht aus der Verzweiflung in die Utopie ein „recht aufschlußreiches Bild der Schattenseiten deutscher Kultur" lieferten (cit. op. 1ff). Der Grad der Rezeption wirklichkeitsfremder, aber ideologisch planvoller Literatur kann in diesem Falle als Seismograph dafür genommen werden, wie außerordentlich wirklichkeitsfremd die deutsche Gesellschaft zur Hochzeit antisemitischer Druckerzeugnisse war (vgl. auch cit. op. 19). Das wiederum verschiebt den Ansatzpunkt der Frage, wann und warum sie es denn wurde, in eine frühere und möglicherweise andere Ebene.

Was Thomas MANN sich mit dem „Umfunktionieren des Mythos ins Humane" (ders. 1960: 98 u. 101) als Schriftsteller zur Aufgabe nahm, formuliert Umberto ECO gewissermaßen als Forderung an den Leser. Der populäre Prosaist und wohl bekannteste zeitgenössische Semiotiker, der im Mechanismus der *Protokolle* einen makellosen Syllogismus und einen Einbruch „des Romans ins Leben" identifiziert (ders. 1994: 182), weiß um die Doppelwertigkeit einer aus der Literatur gewonnenen Fiktionalität:

74 Auch VONDUNG und der oben zitierte MERTON unterfüttern ihre Kategorien Magie und *self-fullfilling prophecy* mit Parallelbeispielen aus „primitiven Kulturen" (VONDUNG 1971: 197) bzw. einem gedanklichen Exkurs „in die Ferne ... auf die Trobriand-Inseln" in den Fußstapfen des Anthropologen MALINOWSKI (MERTON 1967: 452f).

> Das Nachdenken über die komplexen Beziehungen zwischen Leser und Geschichte, Fiktion und Realität, kann eine Form der Therapie sein gegen den Schlaf der Vernunft, der Ungeheuer gebiert. In jedem Fall werden wir nicht darauf verzichten, literarische Fiktionen zu lesen, denn sie sind es, in denen wir nach einer Formel suchen, die unserem Leben einen Sinn gibt. Im Grunde suchen wir unser Leben lang nach einer Geschichte unseres Ursprungs, die uns sagt, warum wir geboren sind und warum wir leben. (cit. op. 183)

Mit dem Befund, daß HITLER alle anderen politischen und militärischen Ziele seinem „magischen Kampf" (VONDUNG 1971: 211) gegen die lebendigen Vertreter des zur Rasse umgedichteten Judentums unterordnete, sind bereits mehr als die eine Grundsatzfrage, ob die Deutschen den eingebürgerten Österreicher trotz oder wegen seines Judenhasses liebten oder einfach wie sonst auch in mancherlei Hinsicht kein Blatt Papier zwischen Volk und Führer paßte, übersprungen. Schon die Bedeutung des Hasses für den modernen[75] deutschen Antisemitismus wie für den unaufgeregten Genozid, der aus Tätersicht „dem Zerdrücken einer Mücke" gleichkam (ARENDT 1955: 700), ist umstritten.[76] Vielleicht waren Faktoren wie eine grundsätzliche „Mentalreservation" (LESCHNITZER 1954: 115), infolge derer die Gojim zwischen sich und den Juden eine „Zone der Kälte" (SEBASTIAN 1997: 192) errichteten, oder die „Existenzverneinung des Judentums" (TAL 1976: 617) durch die „Geschichtstheologie der liberalen Protestanten" (HÜBINGER 1994: 274) viel entscheidender und verhängnisvoller, weil sie nicht aus einem sichtbaren Antagonismus, sondern aus einem im Untergrund tobenden „Ringen um Ganzheit, Synthese, Homogenität" (NOWAK 1993: 34) resultierten. Auch die verbreitete Tendenz, „die Judenausrottung von vornherein als eine 'rassenpolitische' Maßnahme"

75 Auch dieses Prädikat soll hier nur provisorisch erteilt werden, denn die Mehrdeutigkeit des Wortes könnte jenen wichtigen Einwand übergehen, daß es möglicherweise „mit der Neuheit des modernen Antisemitismus nicht weit her ist" (VOLKOV 2000: 59f).

76 Martin BUBER schrieb, als sich die Reichspogromnacht, bis dahin „eins der grauenhaftesten Beispiele für den Verrat eines Staates [...] an einem Teil seiner Bürger" (ders. 1939: 154) jährte: „Ich ... traf in Deutschland nur selten Menschen, die Juden haßten. Dagegen traf ich oft solche, denen die Juden verdächtig erschienen" (cit. op. 157).

aufzufassen, ist möglicherweise einer gewissen „Trübung des Blickes“ geschuldet (HEINSOHN 1995: 165). Das Rassendogma war nicht Ausgangspunkt des Vernichtungsantisemitismus, sondern sein „Vorwand und seine Draperie“ (KLEMPERER 1966: 147), dem Vorgang jeder Rationalisierung entsprechend „Erklärung und Verschleierung“ (LANWERD 1993: 140) in einem, aber insofern mit dem Antisemitismus identisch, da sich auch dort „rationale und irrationale Bereiche [verschlingen]“ (EBACH 1988: 497).[77] Paradoxerweise verweist gerade die Einbringung der Rassenkategorie, die in der deutschen Tradition vielmehr geistigen als biologistischen Prämissen unterstand (vgl. auch VOLKOV 2000: 61), auf die rationalen Aspekte des Antisemitismus, also auf eine Denkform, die Unterschiede nicht aus der Luft greift oder wild stereotypisiert, sondern „eigentlich u[nd] mit Gewißheit erkenn[t]“ (HALDER; MÜLLER 1993: 254). So verfestigte sich die irrationale Vorstellung, Juden bildeten eine eigene, gleichermaßen minderwertige wie gefährliche Rasse, erst mit der rationalen Einsicht, daß das Judentum „eigentlich der lebende Beweis dafür [war]“, daß sich „partikulare Besonderheit *und* die Partizipation an einem größeren Gemeinwesen“ mitnichten ausschlossen und „daß eine asymmetrische Selbst- und Fremdbildstruktur keineswegs automatisch auf die Eroberung, Kolonisierung oder Unterdrückung fremder Kulturen hinauslaufen muß[te]“ (GEULEN 2007: 87 u. 25). Wenn nun diese vernünftige Erkenntnis nicht dazu führte, die Rassenideologie aufzugeben, mußte sie stattdessen einen „doppelte[n] Grund zur Anfeindung“ liefern:

> [D]as deutsche Judentum widersprach nicht nur einer rassisch rein gedachten deutschen Nation, sondern repräsentierte zugleich in seiner gesamten Existenz einen Widerspruch zur Rassentheorie selbst. Es stellte ... ständig die Geltung der Rassengesetze als Basis und Medium der eigenen Identitätsbildung in Frage. Das Judentum war damit nicht bloß der Feind einer gedachten deutschen Rasse, sondern es war ebenso ein

77 Einfach – und auch nicht ganz hinreichend – gesprochen, kann die Vernunft für die Zwecke des Antisemitismus instrumentalisiert werden: „Der Antisemitismus baut ein rationales System auf, das aufgrund seines totalitären Wesens nicht widerlegt werden kann. Rationalität und Irrealität gehen im totalitären System eine Symbiose ein“ (KNEER 2003: 46).

> Feind des Rassismus als Lehre und Weltauslegung – und eben deshalb nahm es für die Antisemiten immer deutlicher die Züge einer fundamentalen Gegenrasse an. Der Berliner Historiker Heinrich von Treitschke war einer der ersten, die diesen neuen Antisemitismus zum Ausdruck brachten ... (cit. op. 88)

Aufgrund einer „Unsicherheit in unserer Wahrnehmung des Phänomens Rassismus" wird dieser oft unbedacht „metahistorisch" als „Festschreibung und Essentialisierung menschlicher Ungleichheit" betrachtet (cit. op. 7). Ebenso wie der Antisemitismus ist dieser jedoch „kein Essentialismus. Er beruft sich niemals auf die Natur an sich, sondern grundsätzlich auf ein sich selber veränderndes Wissen von der Natur" (cit. op. 118). Ein Antisemit ist deswegen nicht nur ein Antijudaist, so wie Friedrich NIETZSCHE eben nur ein Antichrist war, weil der Antisemit nicht nur das Judentum ablehnt, sondern dessen „wesentliche Andersheit" (KNEER 2003: 14) selbst und diese dann stets noch übertreibt und verzerrt. Das Behaupten einer wesentlichen Andersheit des Judentums und damit auch der Juden ist gefährlich, weil „damit eine Grundannahme der Antisemiten geteilt wird" (ebd.). Das gegenteilige Bestreiten jedoch nicht weniger, weil es eine wesentliche Andersheit entweder gar nicht erst zuläßt oder diese ignoriert bzw. ins Harmlose, Nebensächliche, Unwesentliche relativiert.[78]

78 Es scheint beileibe kein Zufall zu sein, daß „[i]n der ersten Hälfte des 19. Jahrhunderts ... Judenhaß zum Bestandteil einer besonderen Spielart des Liberalismus gemacht [wurde]" (VOLKOV 2000: 26). Die Ambivalenz deutscher Freiheitlichkeit pflanzte sich ins Kaiserreich fort: „Der Liberalismus in Deutschland, ... vor allem in Preußen, forderte Freiheit durch Einheit, und Gleichheit durch völlige Abschaffung jedes Hinweises auf Besonderheiten und Verschiedenheit. Im neuen Deutschland gab es keinen Platz für gesellschaftlichen Pluralismus, und die, die ihn vertraten, wurden einer nach dem anderen zu 'Staatsfeinden'" (cit. op. 184). Allerdings darf nicht vergessen werden, daß es Liberale waren, die 1890 in Berlin den *Verein zur Abwehr des Antisemitismus* gründeten, der bis 1933 auch die Unterstützung prominenter christlicher und jüdischer Zeitgenossen wie Max WEBER, Rudolf STEINER, Aby WARBURG, Kurt EISNER, Heinrich und Thomas MANN, Ernst VON HARNACK etc. dauerhaft oder zeitweise für seine Sache mobilisieren konnte (vgl. SUCHY 1983; dies. 1985).

Nun ist es überaus merkwürdig, daß Antijudaisten, die das Wesen des Judentums angriffen, in der Realität fast immer Antisemiten waren[79] und sich deren Angriffe gegen die Juden persönlich richteten, „die verfolgt wurden, ohne daß ein Mensch sich um ihre Meinungen oder Handlungen kümmerte" (ARENDT 1955: 8). Es drängt sich der Verdacht auf, daß deutsche Vorhaltungen gegen das Judentum deswegen in der Regel unanständig waren, weil sie sich genau jene Anständigkeit zum Ziel nahmen, die diese Urreligion möglicherweise wie keine andere seit der Antike vermittelt hatte: „Judentum will Heiligung des Lebens" (LESCHNITZER 1954: 197). Daraus ergibt sich zwangsläufig die heikle, aber notwendige Überlegung, ob es eine Spur geben kann, die vom Antisemitismus zum jüdischen Sein und Wesen führt (vgl. auch KNEER 1971: 20).[80] Mit einer eigenwilligen These des eigenwilligen FU-Alumnus Gunnar HEINSOHN zum deutschen Völkermord am europäischen Judentum soll das Nachdenken über den faulen Zauber des Antisemitismus zu einem sperrangelweit offenen Schluß gelangen.

Der Begründer des *Raphael-Lemkin-Instituts für Xenophobie- und Genozidforschung* sammelt, kommentiert und verwirft in einem schmalen Bändchen 42 Theorien zu dem „im Kürzel 'Auschwitz' gefaßte[n] Zivilisationsbruch", der „immer noch undurchschaut ist" (ders. 1995: 9). In HITLERS Motiv sieht er die „entscheidende Unbekannte in der Erklärung" (cit. op. 17) und enträtselt diese prompt:

> Ich bin der Auffassung, daß der Mord an den Juden aus Fleisch und Blut der Versuch gewesen ist, die Ethik des Judentums zu beseitigen, die ihren überwältigenden Kerngedanken in dem aus der Opferverwerfung resultierenden Recht auf Leben hat.
> [...]
> Hitler wollte letzten Endes das gesamte – also nicht nur das europäische – Judentum vernichtet sehen, weil er hoffte, daß mit dem Ver-

79 Über NIETZSCHES möglicherweise beispiellose Haltung zu Judentum und Antisemitismus müßte auf einem anderen Blatt Rechenschaft abgelegt werden.

80 BENZ hingegen schließt in seiner „Erkenntnis, dass Judenfeindschaft keine Reaktion auf jüdische Existenz ist, dass vielmehr Juden als Projektionsfläche benutzt werden" (ders. 2004: 241), diese Möglichkeit ziemlich eindeutig aus.

> schwinden der Juden auch die Thoragesetze des Lebensschutzes sowie der Liebes- und Gerechtigkeitsgebote aus der Welt wären. Die Judenbeseitigung sollte das Recht auf Töten wiederherstellen. Auschwitz wäre ein Völkermord für die Wiederherstellung des Rechtes auf Völkermord.
> [...]
> Mit der Ausschaltung der jüdischen Ethik wollte Hitler die „nordischen" Völker vom Gewissens- und Gesetzeskonflikt fürs Töten beim Erobern und Ausmorden von Lebensraum befreien, ihnen also einen entscheidenden strategischen Vorteil verschaffen. (cit. op. 18)

Da er die „Ermordung der Juden als Kernstück seiner neuen Ordnung ... ohne persönlichen Haß betrieben zu haben" (cit. op. 107) schien, wäre der einzige irrationale oder „wahnsinnige" Aspekt an HITLERS Anrennen gegen die „Anziehungskraft der jüdischen Ethik" dann „möglicherweise nur die Gewißheit, durch Judenmord das jüdische Gesetz auch tatsächlich aus der Welt schaffen zu können" (cit. op. 175 u. 171). Solche faszinierenden, obgleich schier unmöglich zu verifizierenden Theorien bringen uns immer wieder zur religionswissenschaftlichen Grundsatzfrage zurück, wie stark Religionen im engsten und weitesten Sinne das magische und sonstige Denken zu prägen wohl imstande sein können.

Exkurs Sprachmagie 2: Heavy-Metal-Umlaut

We'll be able to fly
Don't fear the reaper!
Blue Öyster Cult

Auf jeder Sprachebene schlummern Elemente, die sich für Nebenzwecke in Anspruch nehmen lassen, da bilden Graphie und Typographie keine Ausnahme. Es ist wohl nicht allzu verwunderlich, daß der Fraktursatz, also die gebrochene gotische Schrift im Gegensatz zur runden romanischen Antiqua, mancherorts eingesetzt wird, um deutschtümelnde[81] oder harmlose Assoziationen hervorzurufen. Daß sogar eine bewußt unsachgemäße Anwendung diakritischer Zeichen für eine skurrile teutonische Nuancierung dienstbar gemacht werden kann, bestätigt ein kurzer Ausflug in die Populärkultur der härteren Gangart.

Möglicherweise stand die deutsche Krautrockband *Amon Düül II* dieser Idee unwillkürlich Pate, aber die Musiker der Gruppe *Blue Öyster Cult* waren die ersten, die ihrem Bandnamen jene fortan sogenannten – oder vielmehr sogeschriebenen, soll sich doch durch diese rein graphische Umlautung die Aussprache nicht ändern – *röck döts* als besonderen Zusatz verpaßten. In ihrem Falle nach eigener Aussage, um die Verbundenheit des Heavy-Metal mit wagnerianischer Ästhetik zu entäußern (vgl. GIDLEY s.d.). Die Begründer der britischen Hardrockkapelle *Motörhead* folgten diesem bis heute wirksamen Trend. Ihr Sänger und Bassist Ian Fraser „Lemmy" KILMISTER, bekennender Sammler von NS-Devotionalien, antwortete in einem Interview auf die Frage, wen die Band mit den Ö-Punkten denn ärgern wollte: „Niemanden. Es sah einfach gemeiner aus. Deutscher." (VON USLAR 2003). Von ihrem Lieblingsbier *Löwen-*

---

81 Tatsächlich tritt ausgerechnet im Dritten Reich der widersprüchliche und kurvenreiche Verlauf des historischen Antiqua-Fraktur-Streits am deutlichsten zutage. Nach der Machtübertragung wurde die „'deutsche Schrift' ... zur 'Schrift der Deutschen' erklärt" und damit deren normativer Status erheblich aufgewertet, bis 1941, auf dem Zenit des Eroberungsfeldzuges, die Bevölkerung mit einem hochoffiziellen Erlaß überrascht wurde, der die gebrochenen Buchstaben als „Judenlettern" brandmarkte und eine weitreichende Umstellung auf Antiqua anordnete. (WILLBERG 2001)

bräu ließen sich angeblich die Pudel-Rocker von *Mötley Crüe* bei der Namensgebung inspirieren, während die Progressive-Metaler von *Queensrÿche* beabsichtigten, das ursprünglich angedachte *Queensreich* mit dieser Schreibreform konnotativ etwas zu entschärfen, woraufhin sie jedoch 11 Jahre damit zubrachten, den Fans die Aussprache zu erklären.[82] Aus den dekorativen Doppelpünktchen entwickelte sich ein eigener subkultureller Referentialitätskontext, der neben so etwas wie einer bestialischen Qualität gleichzeitig immer auch eine selbstparodierende Komik transportierte, auf die z. B. eine finnische Punkrock-Band setzte, indem sie sich schlicht und einfach *Umlaut* nannte (vgl. CAMPBELL 2003: 6). David Ivor ST. HUBBINS alias Michael MCKEAN von der halbfiktiven Rockband *Spın̈al Tap* – man beachte das Trema über dem *n* und das dafür punktlose *ı*, wie es im Türkischen zum Graphembestand gehört – sah sich von den „hell holes“ angestarrt und bewirkte damit eine unheimliche Beseelung von Schriftzeichen: „It's like a pair of eyes. You're looking at the umlaut, and the umlaut is looking at you“ (nach GIDLEY s. d.). Eindeutig in die satirische Kerbe schlägt eine erfundene Pressemitteilung mit der Überschrift „Ünited Stätes Toughens Image with Umlauts“, in der der Kongreß die Vereinigten Staaten mit der Installation der *röck döts* zu eisenharten Headbangern umfrisierte, mit denen man sich besser nicht anlegen sollte.[83]

Erkenntnisse zu den Prägungsverhältnissen im schwermetallhaltigen Musikgenre erweisen sich möglicherweise als geeignet, dessen Grenzen zu überschreiten: „Huge things have historically dominated metal: huge riffs, huge speakers and huge hair. But there's no better proof that big things come in little packages than the umlaut“ (GIDLEY s. d.). Aus kleinen können jedoch nicht nur große, sondern auch „schwere Zeichen“ (DIEDERICHSEN 2008) werden, die Koketterie durch Verbissenheit ersetzen (vgl. auch POSCHARDT 1999). Hierzulande sind popkulturelle Bezüge dieser Art Selbstbezüge und somit erscheint

82 Hier kann als Nachweis leider einmal nur auf die virtuelle Wissenskrake mit den meisten Tentakeln verwiesen werden: ‹http://de.wikipedia.org/wiki/Heavy-Metal-Umlaut›; ‹http://en.wikipedia.org/wiki/Metal_umlaut› Stand: 17-10-2009.

83 Desweiteren wurde offiziell verlautbart, daß für die Komposition einer den neuen Zeichen der Zeit angemesseneren Nationalhymne der verdiente amerikanische Songschreiber Glenn DANZIG gewonnen werden konnte (‹http://www.theonion.com/content/node/32404› Stand: 17-10-2009).

am Beispiel des Musik- und Stilphänomens der *Neuen Deutschen Härte* die Frage drängender, „inwieweit Ironie ein aggressives Pathos umzudeuten vermag“ (NEITZERT s. d.). Nicht so sehr mit der literarischen als vielmehr mit ihrer performativen Schlagseite hat die ostdeutsche Band *Rammstein,* eine vor allem auch im nichtdeutschsprachigen Ausland erfolgreiche Vertreterin dieser nachwendezeitlichen Spielart des Rock, welche in mancher Hinsicht an *Laibach* und *Kraftwerk* anknüpft, die Kritik auch künstlerisch benachbarter Gruppen wie *Oomph!* auf sich gezogen:

> Der Erfolg von RAMMSTEIN in den USA basiert ... nur zum Teil auf der musikalischen Seite. [...] Das ist für mich das Verwerflichste, was RAMMSTEIN je gemacht haben. Das Image der deutschen Jugend im Ausland so zu zeigen, wie es zum Glück nicht mehr ist. Wenn man die Möglichkeit hat, weltweit ein Bild der deutschen Jugend bzw. des deutschen Volkes zu zeigen, dann darf man einfach nicht ein Riefenstahl-Video zeigen oder mit Schönheitsidealen der 30ger [sic] Jahre spielen. [...] [I]m Ausland fühlt man sich nur wieder bestätigt. Genau dieses Bild haben sie von dem Deutschen nun mal vor Augen und dann kommt da eine Band, die denen zeigt "Jawohl, die Deutschen sind alle so". (KUBASCHK 2001)

Beim Rock oder Pop ganz allgemein handelt es sich mithin um eine Kunstform, in der gerade das Abgeschmackte und Geschmacklose, auch die Idee des Bösen schlechthin für eine arglose Erbauung sorgen können (vgl. POSCHARDT 1999). Selbst der finsterste sprachmagische Akt mag unter Umständen noch die zivile Alternative einer schrecklichen Möglichkeit sein, wenn symbolische Gewalt ein Ersatz für tatsächliche ist und vor allem zuverlässig b l e i b t. Solange ästhetische Tabuverletzungen nicht die Schleusen für solche ethischer oder gar politischer Art öffnen,[84] sondern gewissermaßen den Mythos ins Hedo-

84 Lange Zeit waren es „[a]llenfalls gesetzlose Seeräuber“, die den menschlichen Totenkopf als offenes Emblem führten und dadurch mit einem abendländischen Kodex brachen. In der zeitgenössischen Popkultur sind Schädelsymbole wohl eher besonders konventionell als besonders cool. Aber „[w]enn es ... wieder einmal an den realen Völkermord geht, gewinnt das Abzeichen preußischer Husaren und deutscher SS-Verbände seine wirkliche Kälte zurück“ (HEINSOHN 1995: 143 u. 155).

nistische umfunktionieren (vgl. auch ebd.; MANN 1960: 98 u. 101), genügt womöglich der Vorsatz, daß Schwarze Messen am besten dort abgehalten werden sollen, wo sie keinen Schaden anrichten, nämlich im Lichte einer Öffentlichkeit, die sich durch provokative Aneignungsspielchen „über die gefährlichen Faktoren in unserer Geschichte“ (Fritz BAUER nach WOJAK 2004: 820) nicht hinwegtäuschen läßt.

Ausgangsplattform: Allmacht als ob

> Der modernen Zivilisation fehlt etwas, irgendein psychologisches Vitamin, und folglich unterliegen wir alle mehr oder weniger diesem Irrsinn, zu glauben, daß ganze Rassen oder Nationen auf mysteriöse Weise gut oder auf mysteriöse Weise schlecht sind.
>
> George ORWELL (1982: 9)

Der Antisemitismus hat sich in Europa nicht aufgelöst wie etwa der frühneuzeitliche Hexenwahn, zu dem er mehrere Parallelen aufweist (vgl. LESCHNITZER 1954: 95f). Neben der Folter als der eigentlichen Grundlage der „empirischen Dämonologie" (LANG 2001: 436) sind dort auch die geistigen Voraussetzungen weggefallen, mit Hexerei und der Existenz von Hexen in diesem Sinne überhaupt zu rechnen. So wie Rassenglaube für den rassenantisemitischen Genozid nicht zwingend erforderlich war, ist freilich Hexenglaube nicht von vornherein als notwendige Bedingung für Hexenverbrennungen anzusehen. Im Gegenteil scheint eine ganz auf Denunziation gemünzte Zuschreibungskategorie bei einem gesellschaftlichen Aggregatzustand, in dem die Menschen „sich auf eigene, kontrollierbare Erfahrungen nie verlassen" (ARENDT 1955: 560), um so besser zu funktionieren, je unglaubwürdiger sie ist. Hier allerdings zerfällt der Glaubensbegriff in Aporien. Vielleicht gehört es zum ganz profanen Geheimnis des Glaubens, daß nicht nur der außenstehende Ungläubige, sondern der Gläubige selbst nicht unterscheiden kann, ob es die jeweilige transzendente oder immanente Wesenhaftigkeit ist oder die Wirkung seines Glaubens, an die er glaubt. Doch dieses mangelhafte Erfassen der innersten Denkzusammenhänge ist wohl so menschlich wie das Irren und das Wissen. Es wird erst dann „anstößig ... , wenn der Glaube die Unschuld seiner naiven Überzeugung verloren hat, aber innerhalb einer wissenschaftlich gewordenen Welt ... versucht, Religion und Glaube in den Rang einer wissenschaftlich gesicherten Tatsache zu erheben" (GEKLE 1993: 314). Im Umkehrschluß erscheint Wissenschaft, die den Platz der Religion für sich beansprucht, ebenso problematisch. Wie der akademisch zur Raserei getriebene moderne Antisemitismus fiel auch der Höhepunkt des Hexenwahns, der lange fälschlicherweise ins Mittelalter zurückverlegt wurde, obwohl er dort noch „von theologischer Seite ... als Aberglaube abgetan“ (LANG 2001: 431) werden konnte, in eine „Periode aufblühender Naturwissenschaften“ (LESCHNITZER 1954: 95). Aberglaube war also das Scharnier zwischen magischem und dogmatischem Denken. Im emanzipatorischen Sinne sollte darum die Aufhebung religiösen Aberglaubens in rational durchdrungene Sphären nicht voreilig als Fortschritt gewertet werden. Und wie beim magischen Denken ist es notwendig, diesen wichtigen religionswissenschaftlichen Begriff aus seinem engen Korsett historizistischer und evolutionistischer Implikationen befreien zu können:

> Der rationale Glaube an die Regelmäßigkeit und Gesetzmäßigkeit des Wirklichen wird zum Aberglaube, wenn die auf Wechselwirkung beruhende gesetzliche Bestimmtheit des Gleichzeitigen oder die kausalgesetzliche Bestimmtheit der Dinge und Erscheinungen im Nacheinander verabsolutiert wird. (FORSCHE 1990: 31)

Für den deskriptiven Umgang mit Antisemitismus gilt jedoch der umgekehrte Imperativ, denn die überzeitliche Auffassung vom ewigen Judenhaß zwingt die Juden in eine „teleologische Opferrolle“ (BENZ 2004: 241) und dient den Tätern als gewissermaßen anthropologische Ausrede (vgl. auch ARENDT 1955: 11). Gleichwohl kann sich im Gegensatz zu einem hochgradig fiktiven Hexentum, aber auch dem ja nicht gerade ephemeren Christentum, das Judentum auf seine vorzügliche, durch und durch reale Kontinuitätsgeschichte besinnen, wie es Franz ROSENZWEIG in seinem wundervollen *Stern der Erlösung* vollbringt:

> Ob Christus mehr ist als eine Idee – kein Christ kann es wissen. Aber daß Israel mehr ist als eine Idee, das weiß er, das sieht er. Denn wir leben. Wir sind ewig, nicht wie eine Idee ewig sein mag, sondern wir sind es, wenn wirs sind, in voller Wirklichkeit. (ROSENZWEIG 1988: 461)

Deutscher Aberglaube in seinen christlichen wie nachchristlichen Varianten schickte diese auf ihn rätselhaft, gar bedrohlich wirkende Erkenntnis durch das Mahlwerk der Rationalisierung und strickte sich, in zeitlicher Nähe zur Entstehung des Faust-Mythos (vgl. LESCHNITZER 1954: 112), die unheimliche

Legende der „von Grauen umwitterte[n] Gestalt“ (ders. 1935: 5) des *Ahasver*, des Ewigen Juden, der in den englischen und französischen Sprachgebrauch „mit bezeichnender Abschwächung des metaphysischen Gehalts“ als Wandernder Jude einzog (ders. 1954: 111f). Der antisemitische Aberglaube, bei dem sich Neid und Furcht zum Verwechseln ähneln, ging in Deutschland so weit, daß Sterblichkeit nicht mehr als die sicherste und für alle Menschen gleichermaßen gültige Gewißheit mit oder ohne Hoffnung akzeptiert wurde, sondern erst in einem apokalyptischen Krieg ums kosmische Überleben durch Hekatomben von Opfern zu falsifizieren wäre. Die ins dualistische Extrem getriebene „Affirmation des Unsterblichkeitssinnes“ wurde für die vernichtungsantisemitische Unheilslehre „zum entscheidenden Faktor“, der NS-Kult imaginierte die Sehnsucht nach vormosaischer Geschichtslosigkeit mit totalitärem Sonnenkitsch (vgl. Vondung 1971: 181ff).

Vielleicht unterfüttert die Zusammenstellung der Literatur für diese Arbeit die These, daß jüdisches Denken die Teilhabe an sprachmagischer Reflexion sehr gelassen und in fruchtbarer Weise anzugehen imstande ist. Talmud und Kabbalah waren womöglich die literarischen Garanten, daß im Judentum Auseinandersetzungen zwischen orthodoxen und heterodoxen Denkhaltungen, sofern diese Dichotomie dort überhaupt Sinn ergibt, nicht in „jene[n] allzeit aktuelle[n] Kampf der Gnostiker“ (Rosenzweig 1988: 461) ausarten müssen, wie ihn Antisemiten in ihren unzähligen und doch immergleichen Diskursen beschworen haben und heute noch beschwören. Auch im modernen Judentum wirkte ein mächtiges Zauberwort, doch dieses wies nicht einen Weg in den Abgrund, sondern zu einer tatsächlich sonnigen Heimstatt: Zion.

Wenn nun eine besonnene Aufklärung, die sich nicht selbst auf rationalistische Apologetik reduziert, als Schulmedizin gegen Antisemitismus eingesetzt wird, bleibt die Frage nach den komplementären, nach den homöopathischen Heilmitteln. Der Mann mit dem weißen Bart am Kopfende der Couch ist nie um guten Rat verlegen:

> Nur auf einem Gebiete ist auch in unserer Kultur die „Allmacht der Gedanken“ erhalten geblieben, auf dem der Kunst. In der Kunst allein kommt es noch vor, daß ein von Wünschen verzehrter Mensch etwas der Befriedigung Ähnliches macht, und daß dieses Spielen – dank der künst-

> lerischen Illusion – Affektwirkungen hervorruft, als wäre es etwas Reales. Mit Recht spricht man vom Zauber der Kunst und vergleicht den Künstler mit einem Zauberer. (FREUD 1948: 111)

Demokratie, die sich in Deutschland einmal auch deswegen so jämmerlich abmeldete, weil die „Realpolitiker ... taub waren für die Magie des Wortes" (TOLLER 1933: 7f), ist selbst mit einem Barack OBAMA an der Weltspitze aufgrund ihres notwendigerweise berechenbaren Politikverständnisses darauf angewiesen, daß magische Bedürfnisse in nichtstaatlichen Bereichen gestillt werden können. Harry POTTER verfügt nicht über das passive Wahlrecht. Wir alle kennen die klassischen und modernen Magiedomänen, die in demokratischen Gesellschaften für jedermann offenstehen: Eros, Kino, Internet, Blasmusik, Ballzauber. Aber natürlich muß für deutsche Gojim bei einer Mission in Südafrika in besonderem Maße gelten: Ohne Allmacht fahrn wir zur WM.

Literaturverzeichnis

ADORNO, Theodor Wiesengrund; HORKHEIMER, Max	1981 (1947)	*Dialektik der Aufklärung – Philosophische Fragmente.*	Frankfurt a. M.
ALBRECHT, Clemens	2000	„Warum Horkheimer Golo Mann einen ‚heimlichen Antisemiten' nannte – der Streit um die richtige Vergangenheitsbewältigung", in: ders.; BEHRMANN, Günter C.; BOCK, Michael; HOMANN, Harald; TENBRUCK, Friedrich H., *Die intellektuelle Gründung der Bundesrepublik – Eine Wirkungsgeschichte der Frankfurter Schule,* S. 189-202.	New York; Frankfurt a. M.
ANSELM, Sigrun	1985	*Angst und Solidarität – Eine kritische Studie zur Psychoanalyse der Angst.*	Frankfurt a. M.
ARENDT, Hannah	1955	*Elemente und Ursprünge totaler Herrschaft.*	Frankfurt a. M.
ASSMANN, Aleida u. Jan	1998	„Mythos", in: *HrwG,* Bd. 4, S. 179-200.	Stuttgart u. a.
BAECK, Leo	1905	*Das Wesen des Judentums.*	Berlin
BÄUMER, Michael	1999	„Magie", in: AUFFARTH, Christoph; BERNARD, Jutta; MOHR, Hubert [Hrsg.], *Metzler Lexikon Religion*, Bd. 2, S. 360-367.	Stuttgart; Weimar
BENDLIN, Andreas	1993	„Kausalität", in: *HrwG,* Bd. 3, S. 345-355.	Stuttgart u. a.
BENJAMIN, Walter; TIEDEMANN, Rolf u. SCHWEPPENHÄUSER, Hermann [Hrsg.]	1974	*Gesammelte Schriften I – Abhandlungen.* (3 Bände)	Frankfurt a. M.
dies.	1977	*Gesammelte Schriften II – Aufsätze, Essays, Vorträge.* (3 Bände)	Frankfurt a. M.
ders.; REXROTH, Tillman [Hrsg.]	1972	*Gesammelte Schriften IV – Kleine Prosa, Baudelaire-Übertragungen.* (2 Bände)	Frankfurt a. M.
BENZ, Wolfgang	2004	*Was ist Antisemitismus?*	Bonn
BERGIUS, Rudolf	[14]2004	„Rationalität", in: HÄCKER, Hartmut O.; STAPF, Kurt-H. [Hrsg.], *Dorsch Psychologisches Wörterbuch*, S. 782.	Bern; Seattle; Göttingen; Toronto

Berthele, Raphael	2006	*Ort und Weg – Die sprachliche Raumreferenz in Varietäten des Deutschen, Rätoromanischen und Französischen.*	Berlin; New York
Bloch, Marc; Febvre, Lucien [Hrsg.]	[3]1992 (1974)	*Apologie der Geschichte oder der Beruf des Historikers.*	Stuttgart
ders.	1992b	*Die seltsame Niederlage – Frankreich 1940. Der Historiker als Zeuge*	Frankfurt a. M.
Böhm, Thomas	2001	„Zeit", in: *HrwG,* Bd. 5, S. 397-409.	Stuttgart u. a.
Bonder, Michael	1995	*Ein Gespenst geht um die Welt: Political Correctness.*	Frankfurt a. M.
Bradbury, Ray Douglas	1953	*Fahrenheit 451.*	New York
Brand, Alix	2000	„Karl Kraus", in: Kilcher, Andreas B. [Hrsg.], *Metzler Lexikon der deutsch-jüdischen Literatur – Jüdische Autorinnen und Autoren deutscher Sprache von der Aufklärung bis zur Gegenwart,* S. 343-349.	Stuttgart; Weimar
Bruhn, Joachim	1987	„Revolution des Willens – Über den bewaffneten Kampf und die Schaulust am Terroristen", in: Hartung, Klaus [Mitverf.], *Der blinde Fleck – Die Linke, die RAF und der Staat,* S. 122-134.	Frankfurt a. M.
Brumlik, Micha	2003	„Franz Rosenzweig", in: Kilcher, Andreas B.; Fraisse, Otfried [Hrsg.], *Metzler Lexikon jüdischer Philosophen – Philosophisches Denken des Judentums von der Antike bis zur Gegenwart*, S. 372-376.	Stuttgart
ders.	2003	„Walter Benjamin", in: Kilcher, Andreas B.; Fraisse, Otfried [Hrsg.], *Metzler Lexikon jüdischer Philosophen – Philosophisches Denken des Judentums von der Antike bis zur Gegenwart*, S. 382-385.	Stuttgart

BUBER, Martin	1939	„Sie und Wir – Zum Jahrestag der Kristallnacht", in: SCHULTE, Christoph [Hrsg.], *Deutschtum und Judentum – Ein Disput unter Juden aus Deutschland,* 1993, S. 154-161.	Stuttgart
BURKE, Kenneth	1957 (1941)	*The Philosophy of Literary Form – Studies in Symbolic Action.*	New York
BURKERT, Walter	[2]1991 (1990)	*Antike Mysterien – Funktionen und Gehalt.*	München
CAMERON, Deborah	1995	*Verbal Hygiene.*	London; New York
CAMPBELL, Bruce	2003	„Would you like umlauts with that?" in: ‹http://www.clicknation.com/snoof/stuff/umlaut.pdf› Stand: 18-10-2009.	
CANČIK, Hubert	1990	„Apologetik / Polemik", in: *HrwG,* Bd. 2, S. 29-37.	Stuttgart u. a.
ders.	1998	„Mysterien / Mystik", in: *HrwG,* Bd. 4, S. 174-178.	Stuttgart u. a.
CANČIK-LINDEMAIER, Hildegard	1990	„Euphemismus", in: *HrwG,* Bd. 2, S. 368-372.	Stuttgart u. a.
CANČIK, Hubert; GLADIGOW, Burkhard; LAUBSCHER, Matthias [Hrsg.]	1988-2001	*Handbuch religionswissenschaftlicher Grundbegriffe. (HrwG)*	Stuttgart; Köln; Berlin; Mainz
DAWKINS, Richard	2008	*The Oxford book of modern science writing.*	Oxford
DIECKMANN, Walther	[2]1975 (1969)	*Sprache in der Politik – Einführung in die Pragmatik und Semantik der politischen Sprache.*	Heidelberg
DIEDERICHSEN, Diedrich	2008	„Wenn es im Unterholz brennt", in: *Berliner Zeitung* vom 12-08-2008, ‹http://www.berlinonline.de/berliner-zeitung/archiv/.bin/dump.fcgi/2008/0812/feuilleton/0004/index.html› Stand: 18-10-2009.	

Ebach, Jürgen	1988	„Antisemitismus", in: *HrwG*, Bd. 1, S. 495-504.	Stuttgart u. a.
Eco, Umberto	1994	„Fiktive Protokolle", in: ders., *Im Wald der Fiktionen – Sechs Streifzüge durch die Literatur. Harvard-Vorlesungen (Norton Lectures 1992-93)*, S. 155-184.	München; Wien
Eissing, Uwe	1991	*Zwischen Emanzipation und Beharrung – Studien zum Ort und Kontext des Schicksals der jüdischen Gemeinde Papenburg-Aschendorf.*	Frankfurt a. M.; Bern; New York; Paris
Enderwitz, Ulrich	2005	*Konsum, Terror und Gesellschaftskritik – Eine Tour d'horizon.*	Münster
F. A. Brockhaus [Hrsg.]	2004	„Magie", in: *Der Brockhaus Religionen – Glauben, Riten, Heilige,* S. 404f.	Leipzig; Mannheim
Feuerbach, Ludwig	1841	*Das Wesen des Christenthums.*	Leipzig
Flasch, Kurt	2000	*Die geistige Mobilmachung – Die deutschen Intellektuellen und der Erste Weltkrieg. Ein Versuch.*	Berlin
Flossdorf, Bernhard	1987 (1981)	„Eidetik (Anschauliches Denken)", in: Grubitzsch, Siegfried; Rexilius, Günter [Hrsg.], *Psychologische Grundbegriffe – Mensch und Gesellschaft in der Psychologie,* S. 246-250.	Reinbek
Forsche, Joachim	1990	„Aberglaube", in: Sandkühler, Hans Jörg [Hrsg.], *Europäische Enzyklopädie zu Philosophie und Wissenschaften,* Bd. 1, S. 31f.	Hamburg
Freese, Peter	1999	*Political Correctness – Zum Umgang mit der Sprache in einer globalisierten Welt.*	Paderborn
Freud, Sigmund	1948 (1940)	*Totem und Tabu – Einige Übereinstimmungen im Seelenleben der Wilden und der Neurotiker.*	London
Füssel, Kuno; Huber, Stefan; Walpen, Bernhard	1990	„Magie", in: Sandkühler, Hans Jörg [Hrsg.], *Europäische Enzyklopädie zu Philosophie und Wissenschaften,* Bd. 3, S. 121-124.	Hamburg

Gekle, Hanna	1993	„Irrationalismus / Das Irrationale“, in: *HrwG,* Bd. 3, S. 302-317.	Stuttgart u. a.
Gemoll, Wilhelm	^{9}1965 (1908)	*Griechisch-deutsches Schul- und Handwörterbuch.*	München; Wien
Geulen, Christian	2007	*Geschichte des Rassismus.*	Bonn
Gidley, Lisa	s. d.	„Hell Holes – Spıñal Tap's main man explains the importance of the umlaut“, in: ‹http://www.spiraling.com/words/umlaut.html› Stand: 17-10-2009.	
Gladigow, Burkhard	1988	„Aberglaube“, in: *HrwG,* Bd. 2, S. 387f.	Stuttgart u. a.
Gloy, Klaus	1995	„Zur Methodologie der Sprachnormen-Forschung“, in: *Rostocker Beiträge zur Sprachwissenschaft,* Heft 1, S. 73-93.	Rostock
Grimm, Hannelore	^{14}2004	„Autismus“; „autistische Sprache“, in: Häcker, Hartmut O.; Stapf, Kurt-H. [Hrsg.], *Dorsch Psychologisches Wörterbuch*, S. 95f.	Bern; Seattle; Göttingen; Toronto
Häcker, Hartmut O.; Stapf, Kurt-H. [Hrsg.]	^{14}2004	*Dorsch Psychologisches Wörterbuch.*	Bern; Göttingen; Toronto; Seattle
Halder, Alois; Müller, Max	1993	*Philosophisches Wörterbuch.* (Erweiterte Neuausgabe)	Freiburg i. Br.; Basel; Wien
Hauschild, Thomas	1987 (1981)	„Anthropologie“, in: Grubitzsch, Siegfried; Rexilius, Günter [Hrsg.], *Psychologische Grundbegriffe – Mensch und Gesellschaft in der Psychologie,* S. 66-71.	Reinbek
Heinrich, Klaus	^{4}2002 (1964)	*Versuch über die Schwierigkeit nein zu sagen.*	Frankfurt a. M.; Basel
Heinsohn, Gunnar	1995	*Warum Auschwitz? Hitlers Plan und die Ratlosigkeit der Nachwelt.*	Reinbek
Heraklit; Snell, Bruno [Hrsg.]	^{12}2000 (1926)	*Fragmente – griechisch und deutsch.*	Düsseldorf; Zürich
Herbert, Frank	^{13}1993 (1984)	*Die Ketzer des Wüstenplaneten* (5. Band des »Dune«-Zyklus).	München
Hering, Rainer	2003	*Konstruierte Nation. Der alldeutsche Verband 1890 bis 1939.*	Hamburg

HOCHKEPPEL, Willy	1985	„Nebelwerfer als Aufklärer", in: *Merkur – Deutsche Zeitschrift für europäisches Denken,* 39. Jahrgang, Bd. 2, S. 831-842.	Stuttgart
HORCH, Hans Otto	2000	„Jakob Wassermann", in: KILCHER, Andreas B. [Hrsg.], *Metzler Lexikon der deutsch-jüdischen Literatur – Jüdische Autorinnen und Autoren deutscher Sprache von der Aufklärung bis zur Gegenwart,* S. 594-599.	Stuttgart; Weimar
HÜBINGER, Gangolf	1994	*Kulturprotestantismus und Politik – Zum Verhältnis von Liberalismus und Protestantismus im wilhelminischen Deutschland.*	Tübingen
HÜSER, Karl	^{2}1987 (1982)	*Wewelsburg 1933 bis 1945 – Kult- und Terrorstätte der SS.*	Paderborn
JAESCHKE, Walter	2001	„Säkularisation", in: *HrwG,* Bd. 5, S. 11-20.	Stuttgart u. a.
JANKE, Wilhelm	^{14}2004	„magisches Denken", in: HÄCKER, Hartmut O.; STAPF, Kurt-H. [Hrsg.], *Dorsch Psychologisches Wörterbuch,* S. 569.	Bern; Seattle; Göttingen; Toronto
KAMP, Georg	2005	„Essentialismus", in: MITTELSTRASS, Jürgen [Hrsg.], *Enzyklopädie Philosophie und Wissenschaftstheorie,* 2., neubearbeitete und wesentlich ergänzte Auflage, Bd. 2, S. 398-404.	Stuttgart; Weimar
KEHRER, Günter	1990	„Charisma", in: *HrwG,* Bd. 2, S. 195-198.	Stuttgart u. a.
ders.	1998	„Religion, Definition der", in: *HrwG,* Bd. 4, S. 418-425.	Stuttgart u. a.
ders.	2001	„Sekte", in: *HrwG,* Bd. 5, S. 56-59.	Stuttgart u. a.
KIPPENBERG, Hans G.	1998	„Magie", in: *HrwG,* Bd. 4, S. 85-98.	Stuttgart u. a.
KLEE, Ernst	2007	*Das Kulturlexikon zum Dritten Reich – Wer war was vor und nach 1945.*	Frankfurt a. M.
KLEMPERER, Victor	^{3}1966 (1947)	*LTI – Die unbewältigte Sprache.*	Darmstadt
KNAUER, Sabine; JÜRGENS, Eiko [Hrsg.]	2008	*Integration – Inklusive Konzepte für Schule und Unterricht.*	Weinheim

KNEER, Markus	2003	*Die dunkle Spur im Denken – Rationalität und Antijudaismus.*	Paderborn
KOHL, Karl-Heinz	1998	„Naturvölker", in: *HrwG,* Bd. 4, S. 233-238.	Stuttgart u. a.
KRAUS, Karl; WAGENKNECHT, Christian [Hrsg.]	1989 (1922)	*Untergang der Welt durch schwarze Magie.*	Frankfurt a. M.
KROLOP, Kurt	1990	„Karl Kraus", in: KILLY, Walther [Hrsg.], *Literatur Lexikon – Autoren und Werke deutscher Sprache,* Bd. 7, S. 21-24.	Gütersloh; München
KUBASCHK, Peter	2001	Interview mit FLUX und DERO von *Oomph!,* in: ‹http://www.powermetal.de/content/artikel/show-OOMPH___Interview_mit_Dero_,4972.html› Stand: 18-10-2009.	
LANG, Bernhard	2001	„Zwischenwesen", in: *HrwG,* Bd. 5, S. 414-440.	Stuttgart u. a.
LANWERD, Susanne	1993	*Mythos, Mutterrecht und Magie – Zur Geschichte religionswissenschaftlicher Begriffe.*	Berlin
LE BON, Gustave	6 1938 (1908)	*Psychologie der Massen.*	Stuttgart
LEHNERT, Herbert	2 1972 (1966)	*Struktur und Sprachmagie – Zur Methode der Lyrik-Interpretation.*	Stuttgart
LESCHNITZER, Adolf	1935	*Das Judentum im Weltbild des Mittelalters.*	Berlin
ders.	1954	*Saul und David – Die Problematik der deutsch-jüdischen Lebensgemeinschaft.*	Heidelberg
ders.	1956	*The magic Background of modern anti-Semitism – An analysis of the German-Jewish relationship.*	New York
LEY, Michael	2003	*Kleine Geschichte des Antisemitismus.*	München
LÜBBE, Hermann	1967	„Der Streit um Worte – Sprache und Politik", in: GADAMER, Hans-Georg [Hrsg.], *Das Problem der Sprache,* S. 351-371.	München
MALINOWSKI, Bronisław	1983 (1973)	*Magie, Wissenschaft und Religion – Und andere Schriften.*	Frankfurt a. M.
MANN, Golo	1960	„Über Antisemitismus", in: ders., *Geschichte und Geschichten,* 1961, S. 169-201.	Frankfurt a. M.

MANN, Thomas; KERÉNYI, Karl [auch Hrsg.]	1960	Gespräch in Briefen.	Zürich
MARKOWITSCH, Hans J.	2001	„Magie“; „magisches Denken“, in: WENNINGER, Gerd [Red.], *Lexikon der Psychologie*, Bd. 3, S. 6.	Heidelberg; Berlin
MAYER, Caroline	2002	*Öffentlicher Sprachgebrauch und Political Correctness – Eine Analyse sprachreflexiver Argumente im politischen Wortstreit.*	Hamburg
MENNINGHAUS, Winfried	1980	*Walter Benjamins Theorie der Sprachmagie.*	Frankfurt a. M.
MERTON, Robert K.	[4]1967 (1965)	„Die Eigendynamik gesellschaftlicher Voraussagen“, in: TOPITSCH, Ernst [Hrsg.], *Logik der Sozialwissenschaften,* S. 144-161.	Köln; Berlin
MEYER, Beate	2005	„Statt einer Laudatio: Monika Richarz – Zum Lebensweg einer Pionierin der deutsch-jüdischen Geschichtsschreibung“, in: dies.; KAPLAN, Marion A. [Hrsg.], *Jüdische Welten – Juden in Deutschland vom 18. Jahrhundert bis in die Gegenwart,* S. 9-29.	Göttingen
MIETH, Dietmar	2001	„Symbol“, in: *HrwG*, Bd. 5, S. 134-143.	Stuttgart u. a.
MOMMSEN, Theodor	1880	„Auch ein Wort über unser Judenthum“, in: BOEHLICH, Walter, *Der Berliner Antisemitismusstreit*, Frankfurt a. M. 1988, S. 212-227.	Berlin
NEITZERT, Lutz	s. d.	„Die Neue Rechte, die Musik und der *Riefenstahl*“, in: ‹http://rz-home.de/~dneitzer/homepage3.htm#RIEFENSTAHL› Stand: 18-10-2009.	
NEUMARK, Fritz	1980	*Zuflucht am Bosporus – Deutsche Gelehrte, Politiker und Künstler in der Emigration 1933-1953.*	Frankfurt a. M.
NIPPERDEY, Thomas; RÜRUP, Reinhard	1972	„Antisemitismus“, in: BRUNNER, Otto; CONZE, Werner; KOSELLECK, Reinhart [Hrsg.], *Geschichtliche Grundbegriffe – Historisches Lexikon zur politisch-sozialen Sprache in Deutschland*, Bd. 1, S. 129-153.	Stuttgart

NOVALIS; SAMUEL, Richard [Hrsg.]	[3]1981 (1960)	*Schriften II – Das philosophische Werk I.*	Berlin; Mainz; Stuttgart; Köln
NOWAK, Kurt	1993	*Kulturprotestantismus und Judentum in der Weimarer Republik.*	Göttingen
OLSHAUSEN, Eckart	2001	„Pontos Euxeinos", in: CANČIK, Hubert; SCHNEIDER, Helmuth [Hrsg.], *Der neue Pauly – Enzyklopädie der Antike*, Bd. 10, S. 143f.	Stuttgart; Weimar
ORWELL, George	1949	*1984.*	Boston
ders.	1982 (1945)	„Antisemitismus", in: *Denken mit Orwell – Sätze für Zeitgenossen zusammengestellt von Fritz Senn,* S. 8-10.	Zürich
PETERMANN, Franz	2000	„Autismus", in: WENNINGER, Gerd [Red.], *Lexikon der Psychologie*, Bd. 1, S. 165f.	Heidelberg; Berlin
PIEPER, Josef	1964	*Das Viergespann – Klugheit, Gerechtigkeit, Tapferkeit, Maß.*	München
PINKER, Steven	2003	*Das unbeschriebene Blatt – Die moderne Leugnung der menschlichen Natur.*	Berlin
POSCHARDT, Ulf	1999	„Stripped – Pop und Affirmation bei Kraftwerk, Laibach und Rammstein", in: *Jungle World* vom 12-05-1999, ‹http://www.nadir.org/nadir/periodika/jungle_world/_99/20/15a.htm› Stand: 18-10-2009.	
QUACK, Anton	[2]1988 (1987)	„Magie", in: KÖNIG, Franz [Begr.]; WALDENFELS, Hans [Hrsg.], *Lexikon der Religionen*, S. 382f.	Freiburg i. Br.; Basel; Wien
RAULFF, Ulrich	1995	*Ein Historiker im 20. Jahrhundert – Marc Bloch.*	Frankfurt a. M.
ROBERG, Thomas	[3]2004	„Novalis", in: LUTZ, Bernd; JESSING, Benedikt [Hrsg.], *Metzler Autoren Lexikon – Deutschsprachige Dichter und Schriftsteller vom Mittelalter bis zur Gegenwart,* S. 587-589.	Stuttgart; Weimar
ROSENZWEIG, Franz	1923	„Apologetisches Denken", in: ders., *Kleinere Schriften*, Berlin 1937 (1926), S. 31-42.	Berlin

ders.	1984 (1915)	„'Deutschtum und Judentum'", in: ders.; MAYER, Reinhold u. Annemarie [Hrsg.], *Der Mensch und sein Werk – Gesammelte Schriften. Zweistromland* (Bd. 3), S. 169-175.	Dordrecht
ders.	1988 (1921)	*Der Stern der Erlösung.*	Frankfurt a. M.
RUDOLPH, Kurt	2001	„Theologie", in: *HrwG*, Bd. 5, S. 190-198.	Stuttgart u. a.
RUBIN, Theodore Isaac	1990	*Anti-Semitism – A Disease of the Mind. A Psychiatrist Explores the Psychodynamics of a Symbol Sickness.*	New York
SACHS, Monika	1980 (1971)	„Magisches Denken (II)", in: ARNOLD, Wilhelm; EYSENCK, Hans Jürgen; MEILI, Richard [Hrsg.], *Lexikon der Psychologie,* Bd. 2, S. 1302.	Freiburg i. Br.; Basel; Wien
SAMMONS, Jeffrey L.	1998	*Die Protokolle der Weisen von Zion. Die Grundlage des modernen Antisemitismus – eine Fälschung. Text und Kommentar.*	Göttingen
SAMPSON, Geoffrey	²2005 (1997)	*The 'Language Instinct' Debate.*	London; New York
SARKOWICZ, Hans	1990 (1988)	„Die Protokolle der Weisen von Zion", in: CORINO, Karl [Hrsg.], *Gefälscht! Betrug in Politik, Literatur, Wissenschaft, Kunst und Musik,* S. 56-73.	Frankfur a. M.
SCHMIDBAUER, Wolfgang	1980 (1971)	„Magisches Denken (I)", in: ARNOLD, Wilhelm; EYSENCK, Hans Jürgen; MEILI, Richard [Hrsg.], *Lexikon der Psychologie,* Bd. 2, S. 1301f.	Freiburg i. Br.; Basel; Wien
SCHOEPS, Julius H.	2003	„Das Evangelium der Intoleranz", in: *Zeit online* vom 30-10-2003, ‹http://www.zeit.de/2003/45/P-Antisemitismus2?page=2› Stand: 28-09-09.	
SCHULTE, Christoph [Hrsg.]	1993	*Deutschtum und Judentum – Ein Disput unter Juden aus Deutschland.*	Stuttgart

Schwartz, Eduard; Richter, Will [Hrsg.]	1951	*Ethik der Griechen.*	Stuttgart
Schwemmer, Oswald	1980	„Essentialismus“, in: Mittelstrass, Jürgen [Hrsg.], *Enzyklopädie Philosophie und Wissenschaftstheorie,* Bd. 1, S. 591f.	Mannheim; Wien; Zürich
Sebastian, Mihail	1997 (1934)	*Seit zweitausend Jahren.*	Paderborn; Bukarest
Sefrin, Dieter	1998	„Mana“, in: *HrwG*, Bd. 4, S. 98-103.	Stuttgart u. a.
ders.	2001	„Talisman“, in: *HrwG*, Bd. 5, S. 162-165.	Stuttgart u. a.
Segerstedt, Torgny Torgnysson	1947	*Die Macht des Wortes – Eine Sprachsoziologie.*	Zürich
Seifert, Josef	1996	*Sein und Wesen.*	Heidelberg
Seuse, Heinrich; Bihlmeyer, Karl [Hrsg.]	1961 (1907)	*Deutsche Schriften.*	Frankfurt a. M.
Stark, Michael	^{3}2004	„Gottfried Benn“, in: Lutz, Bernd; Jessing, Benedikt [Hrsg.], *Metzler Autoren Lexikon – Deutschsprachige Dichter und Schriftsteller vom Mittelalter bis zur Gegenwart,* S. 47-49.	Stuttgart; Weimar
Stentzler, Friedrich	1993	„Ideologie“, in: *HrwG,* Bd. 3, S. 211f.	Stuttgart u. a.
Stern, Fritz	1963	*Kulturpessimismus als politische Gefahr.*	Bern; Wien; Stuttgart;
Stolz, Fritz	1997	„Bronisław Kaspar Malinowski“, in: Michaels, Axel [Hrsg.], *Klassiker der Religionswissenschaft – von Friedrich Schleiermacher bis Mircea Eliade*, S. 247-263.	München
Streck, Bernhard	2001	„Wirtschaft“, in: *HrwG*, Bd. 5, S. 374-386.	Stuttgart u. a.
Strohm, Harald	1997	*Die Gnosis und der Nationalsozialismus.*	Frankfurt a. M.
Suchy, Barbara	1983	„The Verein zur Abwehr des Antisemitismus (I) – From its Beginnings to the First World War“, in: *Leo Baeck Institute Year Book 28*, S. 205-239.	London

dies.	1985	„The Verein zur Abwehr des Antisemitismus (II) – From the First World War to its Dissolution in 1933", in: *Leo Baeck Institute Year Book 30*, S. 67-103.	London
TAL, Uriel	1976	„Theologische Debatte um das 'Wesen' des Judentums", in: MOSSE, Werner Eugen; PAUCKER, Arnold [Hrsg.], *Juden im Wilhelminischen Deutschland 1890-1914 – Ein Sammelband*, S. 599-632.	Tübingen
THIESSEN, Rudi	1981	*it's only rock'n roll but I like it – Zu Kult und Mythos einer Protestbewegung.*	Berlin
TIKTIN, Hariton	[2]1988 (o. J.)	*Rumänisch-deutsches Wörterbuch.* (Bd. 2)	Wiesbaden
ders.	[2]1989 (1925)	*Rumänisch-deutsches Wörterbuch.* (Bd. 3)	Wiesbaden
TOLLER, Ernst	1933	„Blick 1933", in: FRÜHWALD, Wolfgang; SPALEK, John M. [Hrsg.], *Ernst Toller – Gesammelte Werke IV. Eine Jugend in Deutschland*, S. 7-11.	München
TRENKAMP, Oliver	2009	„Ungerechte Grundschullehrer – 'Kevin ist kein Name, sondern eine Diagnose'", in: *Spiegel Online* vom 16-09-09, ‹http://www.spiegel.de/schulspiegel/wissen/0,1518,649421,00.html› Stand: 17-09-09.	
ULLMANN, Stephen	1967	*Grundzüge der Semantik – Die Bedeutung in sprachwissenschaftlicher Sicht.*	Stuttgart
VAIHINGER, Hans	[3]1918 (1911)	*Die Philosophie des 'Als Ob'. System der theoretischen, praktischen, und religiösen Fiktionen der Menschheit auf Grund eines idealistischen Positivismus. Mit einem Anhang über Kant und Nietzsche.*	Leipzig
VOLKOV, Shulamit	[2]2000 (1990)	*Antisemitismus als kultureller Code.*	München
VONDUNG, Klaus	1971	*Magie und Manipulation – Ideologischer Kult und politische Religion des Nationalsozialismus.*	Göttingen

VON HARNACK, Adolf	1900	*Das Wesen des Christentums.*	Leipzig
VON MALTZAHN, Henrik	2006	*Das Zeugnis anderer als Quelle des Wissens – Ein Beitrag zur sozialen Erkenntnistheorie.*	Berlin
VON TREITSCHKE, Heinrich	1879	„Unsere Aussichten", in: BOEHLICH, Walter, *Der Berliner Antisemitismusstreit*, Frankfurt a. M. 1988, S. 7-14.	Berlin
VON USLAR, Moritz	2003	Interview mit Lemmy KILMISTER, in: *SZ-Magazin* vom 28-11-2003, ‹http://www.sueddeutsche.de/kultur/808/408583/text/› Stand: 17-10-2009.	
WASSERMANN, Jakob; WOLFF, Rudolf [Hrsg.]	1987 (1921)	*Mein Weg als Deutscher und Jude.*	Berlin
WEBER, Max	1934 (1920)	*Die protestantische Ethik und der Geist des Kapitalismus.*	Tübingen
WENTURIS, Nikolaus; VAN HOVE, Walter; DREIER, Volker	1992	*Methodologie der Sozialwissenschaften – Eine Einführung.*	Tübingen
WIERLEMANN, Sabine	2002	*Political Correctness in den USA und in Deutschland.*	Berlin
WILKENS, Lorenz	1998	„Wie ist Gottesverehrung nach Auschwitz möglich?", in: ANSELM, Sigrun; NEUBAUR, Caroline [Hrsg.], *Talismane – Klaus Heinrich zum 70. Geburtstag,* S. 72-96.	Basel; Frankfurt a. M.
WILLBERG, Hans	2001	„Die Fraktur und der Nationalismus", in: *Die Gazette,* Mai 2001 ‹http://www.gazette.de/Archiv/Gazette-Mai2001/Willberg.html› Stand: 17-10-09.	
WIND, Edgar	1931	„Warburgs Begriff der Kulturwissenschaft und seine Bedeutung für die Ästhetik", in: WUTTKE, Dieter [Hrsg.], *Aby M. Warburg – Ausgewählte Schriften und Würdigungen,* Baden-Baden 1979, S. 401-417.	Baden-Baden

WIPPERMANN, Wolfgang	2005	*Rassenwahn und Teufelsglaube.*	Berlin
WISSMANN, Hans	1997	„James George Frazer", in: MICHAELS, Axel [Hrsg.], *Klassiker der Religionswissenschaft – von Friedrich Schleiermacher bis Mircea Eliade*, S. 77-89.	München
WITTGENSTEIN, Ludwig	1971 (1958)	*Philosophische Untersuchungen.*	Frankfurt a. M.
WOJAK, Irmtrud [Konzept u. Realisation]	2004	*Auschwitz-Prozeß 4 Ks 2/63 Frankfurt am Main.*	Frankfurt a. M.
WONNEBERGER, Reinhard	2001	„Sprache", in: *HrwG*, Bd. 5, S. 89-101.	Stuttgart u. a.
ZIMMER, Dieter E.	1993	„PC oder: Da hört die Gemütlichkeit auf", in: ‹http://www.dezimmer.net/PDF/1993pc.pdf› Stand: 11-09-09.	
ders.	1996	„Die Sprache der Politischen Korrektheit", in: ‹http://www.dezimmer.net/PDF/1996pcsprache.pdf› Stand: 10-09-09.	
ZÖLLNER, Nicole	1997	*Der Euphemismus im alltäglichen und politischen Sprachgebrauch des Englischen.*	Frankfurt a. M.